CHRIS
OFILI

THE BLUE RIDER

Extended Remix

CHRIS OFILI

KESTNERGESELLSCHAFT
HANNOVER

New Tradition

Veit Görner

Als sich 1911 in München die Maler Wassily Kandinsky, Franz Marc und August Macke als Gruppe den Namen *Der Blaue Reiter* gaben, war die kestnergesellschaft vier Jahre vor ihrer Gründung. Den Reitern ging es um eine neue Form der Malerei, in der Figuration, Abstraktion, Expressionismus und Spiritualität synthetisiert werden sollten, der kestnergesellschaft sollte es um die aktuellsten Strömungen in der Gegenwartskunst und angrenzender kreativer Bereiche gehen. Kein Wunder, dass man zusammenfinden musste. In unterschiedlichen Ausstellungen, bis zum zwangsweisen Ausstellungsverbot durch die Nationalsozialisten 1936, wurden die Münchner Künstler in der Hannoveraner kestnergesellschaft vorgestellt. Heute, 95 Jahre später spielt der englische Künstler Chris Ofili mit seiner Ausstellung *The Blue Rider Extended Remix* auf dieses Erbe an. Lange galt er als das schwarze Malergewissen der so genannten *Brit Art,* die seit den 1990er Jahren zu einem unverzichtbaren Potential europäischer Kunst geworden ist.

Ofili, 1968 als Sohn nigerianischer Eltern in Manchester geboren, thematisierte zunächst in seiner Malerei Schnittstellen der kulturellen Tradition Afrikas mit der Kulturgeschichte Europas und Amerikas. Fälschlich als Provokation empfunden, wurden die Elefantenmistknödel, auf denen er seine Bilder in Ausstellungen präsentierte, zu einem ungerechtfertigten Markenzeichen. Welche Kulturtradition steht denn da auf welchem Mist, sollte man sich fragen. Mit seinem Beitrag für den britischen Pavillon auf der Biennale zu Venedig von 2003 hat er allen deutlich gemacht, dass seine Reputation nicht auf einem vermeintlichen Effekt beruht, sondern auf der Reflektion kultureller Konfliktpotentiale, die sich zwangsläufig aus der Reibung angestammter Kultur mit den Überschneidungen anderer, oft zugereister Ethnien ergeben. Oder eben auch umgekehrt, aus den Chancen und Möglichkeiten eines Differenztransfers, den Migration im Alltagsleben evoziert, wenn Assimilation nicht zur bedingungslosen Anpassung verkommt. Mit seiner Bildserie zum *Blauen Reiter* gelingt ihm eine beispielhafte Unterwanderung einer zutiefst europäischen Kunsttradition. Trotzdem, Vorsicht ist geboten. Wir sollten uns nicht auf Wortwörtlichkeiten verlassen. Der *Blaue Reiter* ist vieldeutiger Anreger oder vielleicht nur Referenz für Ofilis neueste Bilder und Skulpturen, aber keine Fortsetzung oder Interpretation. So wie umgekehrt Kirchners Figurinen nie den Versuch unternahmen, mit seinen afrikanischen Inspiratoren in Konkurrenz zu treten.

Wir freuen uns sehr, dass wir nach langer Planungszeit nun endlich diese Ausstellung in der kestnergesellschaft zeigen können. Viele der Werke sind neu und erleben hier ihre erste öffentliche Präsentation. Ich möchte Chris Ofili ganz herzlich dafür danken, dass er uns dieses Privileg eingeräumt hat. Und ich danke ihm für die großzügige Edition für unsere Mitglieder. Ohne die freundschaftliche Verbundenheit von Bruno Brunnet und Nicole Hackert, die den Künstler mit ihrer Berliner Galerie Contemporary Fine Arts vertreten, wäre uns die Ausstellung kaum möglich gewesen. Deshalb will ich den beiden im gleichen Atemzug mit danken.

Verlässlich wie immer der British Council, der sich mit seinem finanziellen Beitrag erheblich an der Realisierung beteiligt hat. Ganz besonders danke ich auch den Leihgebern Glenn R. Fuhrman, Gail und Stanley Hollander, Hanno Huth, Dakis Joannou, Douglas Oliver, John und Amy Phelan, Hans-Joachim und Gisa Sander sowie David Teiger, die zu Gunsten unserer Ausstellung ihre Arbeiten einige Zeit entbehren müssen.

Last not least möchte ich Hilke Wagner hervorheben, die so lange auf diese Ausstellung warten musste und sie so glänzend kuratiert hat. Für sie schließt sich in gewisser Weise ein Kreis, da eine ihrer ersten Ausstellungen für die kestnergesellschaft Chris Ofilis Freund und Nachbar auf Trinidad, Peter Doig, war.

New Tradition

Veit Görner

In the year 1911, four years before the kestnergesellschaft was founded, the painters Wassily Kandinsky, Franz Marc and August Macke formed a group in Munich that called itself *Der Blaue Reiter* (The Blue Rider. The members of The Blue Rider were concerned with a new form of painting in which figuration, abstraction, expressionism and spirituality were joined; the focus of the kestnergesellschaft would be on the most up-to-date currents in contemporary art and adjacent creative domains. No wonder, then, that these innovative artists and the new art institution soon came into contact. In various shows up to the exhibition prohibition issued by the National Socialists in 1936, the works of the Munich artists were displayed in the kestnergesellschaft in Hanover. Today, ninety-five years later, the English artist Chris Ofili is making reference to this heritage with his exhibition *'The Blue Rider Extended Remix'*. For a long time he was considered to be the black painters' conscience of so-called Brit Art, which has grown since the 1990s into an important branch of European art.

Ofili, born in Manchester in 1968 the son of Nigerian parents, first focused in his painting on interfaces between the cultural tradition of Africa and the cultural history of Europe and America. Erroneously considered a provocation, the lumps of elephant dung upon which he displayed his pictures became an unwarranted trademark. The question that in fact should have been asked is which cultural tradition is situated upon which heap of manure? With his contribution to the British pavilion at the Venice Biennale in 2003, Ofili made it clear to everyone that his reputation does not rest upon some superficial effect, but instead is formed from deep reflection on potential cultural conflicts that inevitably arise out of the friction between indigenous culture and the superimpositions of other, often immigrant ethnic groups. Or else, in an opposite sense, the artist's scrutiny is also directed toward the chances and possibilities inherent to a transfer of differences, one which is evoked in daily life by migration whenever assimilation is not degraded into unconditional conformity. With his pictorial series responding to *The Blue Rider*, Ofili achieves an exemplary infiltration of an artistic tradition that is thoroughly European in nature. Nonetheless, caution is advisable here. We should not rely exclusively on seductively literal meanings. *Der Blaue Reiter* constitutes an ambiguous stimulus or perhaps only a point of reference for Ofili's most recent pictures and sculptures. In no way do these new works represent a continuation or interpretation of the group, just as, conversely, Kirchner's figurines never attempted to compete with the African art that provided his inspiration.

We are extremely happy that, after an extended period of planning, it is now finally possible to present this exhibition in the kestnergesellschaft. Many of these works are new and are displayed here for the first time. I would like to offer Chris Ofili my heartfelt thanks for granting us this privilege. And, I thank him for the generous edition that he has prepared for our members. Without the friendly solidarity of Bruno Brunnet and Nicole Hackert, who represent the artist with their Berlin gallery Contemporary Fine Arts, this exhibition would scarcely have been possible. For this reason I wish to thank them both in the same breath.

Dependable as always, the British Council was involved in supporting the project to no inconsiderable degree through its financial contribution. I would also like to offer particular thanks to the loaners Glenn R. Fuhrman, Gail and Stanley Hollander, Hanno Huth, Dakis Joannou, Douglas Oliver, John and Amy Phelan, Hans-Joachim and Gisa Sander as well as David Teiger, all of whom have to do without their works for a while for the sake of our exhibition.

Last but not least, I would like to single out for particular commendation Hilke Wagner, who had to wait for this exhibition for such a long time and who then proceeded to curate it in so splendid a manner. A circle comes to completion for her in a certain sense, as one of her first exhibitions for the kestnergesellschaft was dedicated to Chris Ofili's friend and neighbour on Trinidad, namely Peter Doig.

Der Blaue Reiter

Christoph Zuschlag

"Der Blaue Reiter" gilt im Bewusstsein einer breiten Öffentlichkeit nach wie vor als eine der bekanntesten Künstlergruppen des frühen 20. Jahrhunderts — doch eine Künstlergruppe dieses Namens hat es nie gegeben. Vielmehr geht der Name auf eine Publikation zurück, den Almanach "Der Blaue Reiter", den die beiden befreundeten Künstler Wassily Kandinsky und Franz Marc ab 1911 in München vorbereiteten und der im Mai 1912 im dortigen Piper — Verlag erschien. In einem Brief an August Macke vom 8. September 1911 schreibt Franz Marc: "Wir wollen einen ‚Almanach' gründen, der das Organ aller neuen echten Ideen unserer Tage werden soll. Malerei, Musik, Bühne etc. Er soll zugleich in Paris, München und Moskau erscheinen, mit vielen Illustrationen.[...] Es soll vor allem durch vergleichendes Material viel geklärt werden. Deine alten Pläne, vergleichende Kunstgeschichte zu treiben, haben hier ihren Platz. [...] Wir erhoffen soviel Heilsames und Anregendes davon, auch direkt für die eigene Arbeit, zur Klärung der Ideen, dass dieser Almanach unser ganzer Traum geworden ist." Streng genommen war es gar kein Almanach, weil die Publikation nicht periodisch erschien, sondern einmalig (ein geplanter zweiter Band kam nicht mehr zustande).

Das Zitat Franz Marcs macht deutlich, dass Kandinsky und er auf eine Synthese der verschiedenen Kunstgattungen zielten, auf eine Vereinigung der Künste im Sinne von Richard Wagners Idee des Gesamtkunstwerks. So finden sich im Almanach nicht nur Werkabbildungen und Aufsätze verschiedener bildender Künstler, sondern auch Kompositionen von Arnold Schönberg, Anton von Webern und Alban Berg und Zitate von Dichtern wie Goethe und Michail A. Kusmin. Die Abbildungen umfassen ein denkbar weites Spektrum an künstlerischen Äußerungen, denen sich Kandinsky und Marc wesensverwandt fühlten bzw. von denen sie sich inspirieren ließen: Neben Bildern von van Gogh, Gauguin, Cézanne, Picasso, Matisse, Henri Rousseau und anderen erscheinen Werke der Volkskunst, der außereuropäischen Kunst und Kinderzeichnungen — viel Anschauungsmaterial also für eine "vergleichende Kunstgeschichte". Wie der Titel "Der Blaue Reiter" entstand, überliefert Kandinsky: "Den Namen ‚Der Blaue Reiter' erfanden wir am Kaffeetisch in der Gartenlaube in Sindelsdorf; beide liebten wir Blau, Marc Pferde, ich Reiter. So kam der Name von selbst."

Die "Redaktion des Blauen Reiters" veranstaltete außerdem eine Reihe von Ausstellungen in München, Köln, Berlin und anderen Städten, zu denen Kandinsky und Marc von Fall zu Fall befreundete Künstlerinnen und Künstler einluden, darunter Heinrich Campendonk, Robert Delaunay, Erich Heckel, Paul Klee, Alfred Kubin, August Macke, Gabriele Münter, Emil Nolde und Henri Rousseau. Lässt sich in Anbetracht solch unterschiedlicher Künstlerpersönlichkeiten überhaupt von einer "Kunst des Blauen Reiters" sprechen? "Das einende Band", so Andreas Hüneke, "liegt in der Tendenz einer Objektivierung des Subjektiven, die mit einem Hang zur Transzendenz und daher zur Abstraktion einhergeht." Es war der Erste Weltkrieg, der jäh das Ende des "Blauen Reiters" brachte: Kandinsky ging 1914 zurück nach Moskau, Macke fiel 1914, Marc 1916 an der Westfront.

Was interessiert einen jungen Künstler unserer Zeit wie Chris Ofili am "Blauen Reiter"? Es ist zweifellos die Idee von der Synthese der Künste, insbesondere der starke Bezug zur Musik, sowie die Forderung nach einer Gleichberechtigung der europäischen und außereuropäischen Kunst, der Hoch- und Volkskunst — Aspekte, die den "Blauen Reiter" heute tatsächlich wieder erstaunlich aktuell und modern erscheinen lassen.

The Blue Rider

Christoph Zuschlag

The Blue Rider is regarded by the broader public as one of the most well-known artists' groups of the early-20th century — but there has never been an artists' group by this name. Rather, the name derived from a publication, the almanac — *The Blue Rider*, which two artists and friends, Wassily Kandinsky and Franz Marc began work on in Munich in 1911 and which was published by the Munich publisher Piper in May 1912. In a letter to August Macke, dated 8 September 1911, Franz Marc writes, "We want to establish an almanac which is to be the organ for all the new, genuine ideas of our times. Painting, music, stage, etc. It will be published simultaneously in Paris, Munich and Moscow with lots of illustrations....Above all, much will be clarified through comparative material. Your old plans of doing comparative art history have their place here....We are hoping for so much that is salubrious and stimulating, including directly for one's own work, for the clarification of ideas, so that this almanac has become our entire dream." Strictly speaking, it was not an almanac because the publication did not appear periodically. There was only one edition (a planned second volume never appeared) because the First World War suddenly brought an end to *The Blue Rider*. Kandinsky returned to Moscow in 1914, Macke fell in 1914, and Marc in 1916 on the western front.

Marc and Kandinsky were aiming for a synthesis of various artistic genres, a unification of the arts in the sense of Richard Wagner's idea of the total art work. Thus, the almanac not only contained reproductions of works and essays by various artists, but also compositions by Arnold Schönberg, Anton von Webern and Alban Berg, along with quotations from such poets as Goethe and Michail A. Kusmin. The reproductions comprised the extremely broad spectrum of artistic expression with which Kandinsky and Marc felt an affinity and from which they gained inspiration. Apart from paintings by van Gogh, Gauguin, Cézanne, Picasso, Matisse, Henri Rousseau and others, there were works of folk art, non-European art and children's drawings — plus a lot of illustrative material for a "comparative art history". The thinking behind the title was recorded by Kandinsky: "We invented the name, *The Blue Rider*, drinking coffee in the summer house at Sindelsdorf. We both loved blue, Marc loved horses, I loved riders. So the name came about by itself." The "editors of *The Blue Rider*" also organized a series of exhibitions in Munich, Cologne, Berlin and other cities, to which Kandinsky and Marc invited fellow artists from time to time, including Heinrich Campendonk, Robert Delaunay, Erich Heckel, Paul Klee, Alfred Kubin, August Macke, Gabriele Münter, Emil Nolde and Henri Rousseau. In light of these diverse personalities, is it possible to refer to an art of *The Blue Rider*? "The unifying band," says Andreas Hüneke, "lies in the tendency toward an objectification of what is subjective which goes along with an inclination toward transcendence and therefore abstraction."

So, what is interesting about *The Blue Rider* to a young artist of our own times like Chris Ofili? It is doubtless the idea of the synthesis of the arts, especially the strong reference to music, and the demand for the equal status of European and non-European art, of high art and folk art — aspects that make the publication today appear astonishingly up-to-date and modern.

BLUE AND SILVER

Der Caganer[1]

Carolina Grau

Wenn Sie in der Vorweihnachtszeit in Barcelona sein sollten, gehen Sie unbedingt zur Kathedrale, wo Sie auf die Marktstände von La Fira de Santa Llúcia[2] stoßen werden. Wenn Sie sich dort umschauen, werden Sie wirklich alles finden, was Sie für Ihre Weihnachtskrippe[3] zu Hause brauchen: Figuren von Jesus, Maria, und Joseph, von den Engeln, Hirten, den Heiligen Drei Königen, der Wäscherin, und jede Art von Tier, das man mit der Weihnachtskrippe in Verbindung bringt, dazu Häuser und Felsen aus Kork, Flechten, und Moos, sowie Sterne und blinkende Lichter, um die Szenerie zu dekorieren. Aber eine ganz bestimmte Figur, die sonst nicht in Weihnachtskrippen erscheint, wird Ihnen auffallen: ein katalanischer Bauer, der eine Barettina, die traditionelle katalanische rote Kappe, trägt, mit entblößtem Hintern dahockt und sich ganz offen erleichtert.

Der Caganer ist die populärste Figur in katalanischen Weihnachtskrippen. Traditionell wird er halb versteckt aufgestellt, hinter einem Busch oder unter einer Brücke[4], ganz beiläufig in die Szene gestellt, als ob er da nur zufällig wäre: ein Mann auf dem Feld, sein Gesicht ausdruckslos, der sich um seinen eigenen Kram kümmert. Hinter ihm auf dem Boden liegt ein kleines geringeltes Stück Scheiße.

Warum wird so eine Figur in der Weihnachtskrippe aufgestellt? Einerseits symbolisiert der Caganer die Düngung des Bodens und die Hoffnung auf Wohlstand im kommenden Jahr. Andererseits repräsentiert er den niederen, menschlichen Aspekt des weihnachtlichen Mysteriums. Aber die skatologische Figur hat auch ihre ironische Seite; nicht einmal die Geburt Jesu kann das dringendste natürliche Bedürfnis aufhalten.

Geschichte

Der Caganer kommt auch noch an anderen Stellen unserer katalanischen folkloristischen Tradition vor. Er erscheint auf dekorativen Kacheln und wird in den Balladen und Gedichten unserer populären Bräuche erwähnt. Niemand weiß genau, wann der Caganer in die Weihnachtskrippe eingegliedert wurde, aber man nimmt an, dass es im Barock war, im achtzehnten Jahrhundert, in einer Zeit also, die sich zum Beispiel in Stillleben, in der lokalen Literatur, in den Beschreibungen des Alltagslebens und seiner jahreszeitlichen Feste und Bräuche durch extremen Realismus auszeichnet.

Die Evolution der Caganer-Figur hat sich in den letzten dreißig Jahren beschleunigt, und spezialisierte Kunsthandwerker kreieren für die wachsenden öffentlichen und privaten Sammlungen ungewöhnliche Caganer, die wichtige Persönlichkeiten und Begebenheiten des letzten Jahres darzustellen: Persönlichkeiten aus Sport und Politik, und auch andere Figuren, die in der Gesellschaft und den Medien berühmt geworden sind. Man kann den Caganer in Trikots der örtlichen Barça, der Fußballmannschaft finden, in Bischofsgewändern, als populäre oder auch unpopuläre Politiker, selbst als Osama bin Laden; es gab sogar schon weibliche Versionen des Caganers, die Caganera, die in traditionelle jüdische Gewänder gekleidet ist. Bei heutigen Caganern ist es nicht ungewöhnlich, wenn sie Zeitung lesen, mit dem Handy telefonieren, oder eine Pfeife oder Zigarre rauchen. Aber hinter ihnen auf dem Boden liegt immer der kleine zeitlose Kringel.

1 Die buchstäbliche Übersetzung von Caganer ist Scheißer. Am populärsten ist er in Katalonien, man findet ihn aber auch in Múrcia, Spanien, und an solch entfernten Orten wie Neapel (Italien) und Portugal.

2 Der weihnachtliche Markt der Heiligen Lucia findet vom 2. bis zum 22. Dezember auf dem großen Platz vor der Kathedrale von Barcelona statt.

3 Die Weihnachtskrippe, eine Miniaturdarstellung des Mysteriums von Weihnachten, lässt sich auf Franz von Assisi zurückverfolgen, der 1223 eine Krippe als lebendes Bild darstellte. Während des späten siebzehnten und frühen achtzehnten Jahrhunderts kamen Weihnachtskrippen in adligen Haushalten auf, und von dort verbreiteten sie sich auf Dörfer und Privathäuser.

4 Eines der Hauptvergnügen für Jung und Alt ist es, den Caganer in der Krippe zu suchen.

Der Caganer ist eine enigmatische Figur. Er besetzt in der katalanischen Weihnachtskrippe einen Platz, der sowohl marginal als auch zentral ist. Deshalb habe ich fünf Menschen mit unterschiedlichem Hintergrund gebeten zu sagen, was der Caganer ihrer Meinung nach symbolisiert.

Guillem Grau *(geb.1986, Schüler)*
und ***Octavi Grau*** *(geb.1989, Schüler)*
So weit ich mich erinnern kann, war Weihnachten für mich immer ein sanfter Albtraum von endlosen Familientreffen, die in einer künstlichen Atmosphäre stattfanden, die aus einer plumpen Mischung von Tradition und Geldverschwendung besteht.

In Katalonien wird die Tradition am besten durch die Krippe repräsentiert: eine kurzlebige Darstellung der Geburt des Herrn. Aber dieses Bild gehört nicht zum Albtraum; in der Ecke sitzt immer eine Figur in einer ganz besonderen Position: sie verrichtet ihr Geschäft. Der Caganer ist einfach da: vor dem Herrn und meiner Familie. Und wenn ich ihn sehe, muss ich lachen. Und dann denke ich über seine Bedeutung nach: Er erinnert mich an die Sinnlosigkeit von diesem ganzen Weihnachtszirkus. Moral und Religion gründen darauf, dass man nach moralischen Prinzipien handelt, und nicht auf traditionelle Familienfeste; und Geld verschwendet man besser für größere Vergnügungen.

Die Realität ist kein Kampf zwischen Gut und Böse, sondern zwischen dem Menschen, der scheißt und seinem Bruder, der das gerade getan hat. Menschen, die dringend ihre Notdurft verrichten müssen — sei es vor dem Herrn oder vor der Familie — müssen dies auf die einzig mögliche Weise lösen. Und der Caganer symbolisiert sie: selbst in dem Moment, in dem seine menschliche Seele wegen der Guten Nachricht voller Freude ist, bleibt er in seiner biologischen Kondition gefangen.

Maria Aymerich *(geb.1917, Kinderbuchautorin)*
Für gläubige Christen umrahmt die Weihnachtskrippe eine Situation sowohl von extremer Armut als auch von Transzendenz. Das Baby ist der Sohn Gottes, angekündigt in der Heiligen Schrift, und er wird vollkommen hilflos und ungeschützt geboren. Für mich bringt der Caganer einen höchst primitiven und populären Ton in diese zauberhafte Zusammenkunft hinein.

Der Caganer ist eine emphatische Darstellung der Menschlichkeit, ein Mann, der das einzige gibt, was er zu geben hat.

Freud hätte sicher eine Menge Schlüsse daraus gezogen… Ich glaube nicht, dass der Caganer eine bestimmte Bedeutung hat, aber er ist ein absolut traditionelles Element, und er bringt ein bisschen Komik in die Weihnachtskrippe.

Clàudia Vives-Fierro *(geb. 1970, Künstlerin und Mitglied im Vorstand des Fußballvereins von Barcelona)*
Der Caganer ist eine Figur, die ich mit meiner Kindheit verbinde. Immer vor Weihnachten fuhren wir in das Haus meiner Eltern auf dem Land, und als erstes suchten wir die Kiste mit den Tonfiguren für die Krippe heraus. Die letzte Figur, die aufgestellt wurde, war immer der Caganer — nach der Jungfrau, Josef, dem Christuskind, und den Heiligen Drei Königen. Wir stellten ihn immer strategisch auf, so dass er gut zu sehen war.

Ich glaube, unbewusst habe ich mich mehr mit dem Caganer identifiziert als mit dem Engel oder der Wäscherin. Er ist menschlicher und bescheiden, und er befindet sich in einer peinlichen, verletzbaren Position. Aber er zeigt sich ganz ruhig, vor allen Leuten. Der Caganer gehört unbedingt zu einer richtigen Weihnachtskrippe dazu.

Cristina Bonet *(geb. 1976, Umweltberaterin)*
Es war immer aufregend, den Caganer in die Krippe zu stellen. Von all den Figuren in der Krippe ist er vielleicht die emblematischste, denn ohne ihn hat die Krippe nicht so viel Bedeutung. Er muss auch auf eine ganz spezielle Art aufgestellt werden: sichtbar für die Betrachter, aber gleichzeitig versteckt vor den anderen Figuren in der Krippe, denn sie sollen ihn nicht sehen — merkwürdig, aber wahr. Als ich ein Kind war, erschien es mir absolut normal, dass eine Figur in der Krippe scheißt. Später habe ich das dann hinterfragt. Ich weiß nicht genau, was für einen Ursprung der Caganer hat, aber es gefällt mir, dass da eine Figur ist, die auf dem Weg, das Christkind anzubeten, plötzlich mal dringend muss. Das kann doch jedem passieren, nicht?

Adrian Searle *(geb. 1953, Kunstkritiker)*
Für Außenstehende erscheint der Caganer unverständlich, wahnsinnig komisch und möglicherweise sogar blasphemisch. Er scheint auf ein besonderes katalanisches Interesse für das Skatologische hinzuweisen. Man bedenke, dass Joan Miró und Salvador Dalí beide Katalanen waren, und dass Dalís berüchtigtes Gemälde *Das traurige Spiel* ein Karneval von verschmutzten Hosen, den Phobien des Künstlers und seiner Faszination mit Exkrementen ist. Miró nannte einmal ein Gemälde *Mann und Frau vor einem Haufen Exkremente*, als ob dies die natürlichste Sache der Welt wäre, was es ja auch wirklich ist. Ich habe den Caganer immer als seine Art geistlichen Blitzableiter angesehen, der die mystische Geburt und unser Verständnis seiner Symbole erdet, und uns gleichzeitig an die natürlichen Kreisläufe von Geburt, Tod und Verwesung erinnert — und an die kurzen Genüsse, die wir dazwischen abbekommen, unter denen der Genuss des Scheißens nicht zu verachten ist.

Viele Menschen kaufen Caganer als Souvenir. Der erste, den ich gekauft habe, vor über zwanzig Jahren, endete schließlich im Badezimmer, wo er wie ein kleiner häuslicher Fruchtbarkeitsgott auf dem Fensterbrett saß und meine eigenen täglichen Geschäfte überwachte. Die große Frage war immer, wie herum man ihn stellen sollte. Dies ist eine Frage des Geschmacks und des Anstands. Aber wie immer ich ihn auch platziert habe, er hat nie seine ursprüngliche, vielleicht sogar primitive, Funktion verloren.

The Caganer[1]

Carolina Grau

If you find yourself in Barcelona in December, make your way to the cathedral, where you will find the market stalls of La Fira de Santa Llúcia.[2] Wandering through the fair you will find everything you could possibly need to build and decorate a Nativity scene[3] at home: figures of Jesus, Mary and Joseph, the Angel, shepherds, the three kings, the washerwoman, the associated animals, houses and rocks made of cork, lichen and moss and stars and flashing lights to decorate the scene. But one figure in particular, not found in Nativities elsewhere, will catch your attention: a Catalan peasant wearing the barretina, the traditional Catalan red cap, squatting, his buttocks exposed, relieving himself in the open air.

The caganer is the most popular figure in Catalan Nativity scenes. Traditionally he appears somewhere semi-hidden, behind a bush or under a bridge[4], placed casually within the scene as though he were there by chance: a man of the fields, his face inexpressive, minding his own business. Beneath him on the ground lies a small, spiral turd.

Why place such a figure amidst the Nativity? On one hand, he symbolizes the fertilization of the land and the hope for prosperity in the coming year. On the other, he represents the base, human side to the mystery of Christmas. But this scatological figure also has an ironic side; not even the birth of Jesus can interrupt the most pressing call of nature.

History

The caganer is also present elsewhere in Catalan folkloric tradition, appearing on decorative tiles and mentioned in the ballads and poems of popular customs. No one knows exactly when the caganer was incorporated into the Nativity, but it is assumed that it was during the Baroque period, in the 18th century, a period characterized by an extreme realism in still-life painting, in local literature, in the descriptions of daily, local life and its seasonal celebrations and customs.

The evolution of the caganer has accelerated over the last 30 years, with craftsmen creating unusual novelty caganers to supply the growing public and private collections of these pieces, and to mark the personalities and events that have dominated the preceding year, such as political and sporting celebrities and figures who have become famous in society and the media. You can find the Caganer dressed in the colours of the local Barça football team, as Bishops, as popular or infamous politicians, even as Osama Bin Laden. There have also been female versions of the caganer, for example, the caganera, dressed in traditional Jewish apparel. The contemporary caganer is as likely to be reading a newspaper or talking on a mobile telephone, as smoking a pipe or a cigar. But always beneath him or her, that little timeless coil, deposited on the earth.

1 The literal translation of 'caganer' is 'defecator' or 'shitter'. It is most commonly used in Catalonia, but it also appears in Múrcia, Spain, Naples in Italy and in Portugal.

2 The Fair of Saint Lucy is on the main square of the Cathedral of Barcelona from 2 – 23 December.

3 The Nativity scene, a miniature representation of the mystery of Christmas, traces its origins back to Saint Francis of Asisi, who re-enacted a living scene on Christmas night in 1223. During the late-17th and early-18th centuries the Nativity scene became fashionable in the houses of the nobility and then spread to villages and private homes.

4 Seeking out the caganer in the Nativity scene is an integral part of its appreciation, for children and adults alike.

The caganer is an enigmatic figure, occupying a place that is both marginal and central to the Catalan Nativity. That's why I have decided to ask five people from different backgrounds and ages to say what they think the caganer symbolizes.

Guillem Grau *(b.1986, student)*
and ***Octavi Grau*** *(b.1989, student)*
As far back as I remember, Christmas has always meant a soft nightmare of endless family meetings held in an artificial atmosphere composed of a crude mixture of tradition and money waste.

In Catalonia, tradition is best represented by the crib: an ephemeral representation of the birth of the Lord. But there is one image that is not part of the nightmare: there is always a figure in a corner in a very particular position: it is defecating. The caganer is just there, in front of the Lord and my family.

And, when I see it, it makes me laugh. Then I think about its meaning: it makes me remember the futility of the Christmas circus. Morals and religion are built by acting on principles, not by traditional family parties, and money is better wasted on bigger pleasures.

Reality is not a struggle between good and evil, but between the person who is shitting and his brother who has just done it. People who have an urgent call of nature — even in front of the Lord or in front of the family — have to resolve it in the only possible way. And the caganer symbolizes this. Even while his human soul is full of joy, because of the Good News, his biological condition possesses him.

Maria Aymerich *(b.1917, writer of children's books)*
For Christians, the crib frames a situation of both extreme poverty and transcendence. The baby is the son of God, announced in the sacred books, and he is born in a completely exposed or helpless condition. For me, the caganer adds a highly primitive and popular note to this magical gathering.

The caganer is an emphatic representation of humanity, a man giving the only thing he can offer of himself. Freud would have drawn a lot of conclusions from this... I don't think that the caganer has a specific meaning, but it is a fundamental traditional element and adds a comical touch to the Christmas crib.

Clàudia Vives-Fierro *(b.1970, artist and a member of the Board of Directors of Barcelona Football Club)*
The caganer is a figure associated with my childhood. When Christmas was approaching we used to go to my parent's house in the countryside and the first thing we did was to find the box of clay figures to make the crib. The last figure to be placed was the caganer – after the Virgin, Joseph, baby Jesus and the Magi. We placed him in a very strategic place, very visible.

I believe that subconsciously I identified with the caganer more closely than with the

Angel or the washerwoman. He is more human and humble and he is in an embarrassing, vulnerable situation. But, he calmly shows himself in front of everybody. The caganer is essential to complete the crib.

Cristina Bonet *(b1976, environmental consultant)*
It was always exciting to place the caganer in the crib. Of all the figures in the Nativity it is perhaps the most emblematic, because without it the crib does not have as much meaning. It also needs to be placed in a very specific way: visible to the viewers but at the same time hidden from the other figures in the Nativity scene, as they are not supposed to see it – curious, but true. When I was a kid, I used to think it was completely normal that one character in the Nativity scene was shitting. Later, I started to question this. I don't know the caganer's origin but I like the fact that there is a figure, on his way to adore baby Jesus, who suddenly has a call of nature. It could happen to anyone, no?

Adrian Searle *(b.1953, art critic)*
To an outsider, the caganer appears incomprehensible, hilarious and possibly even blasphemous. It seems to point to a particularly Catalan preoccupation with the scatological. Don't forget that both Joan Miró and Salvador Dalí were Catalans, and that Salvador Dalí's notorious painting, *The Lugubrious Game*, was a carnival of soiled breeches, the artist's phobias and his fascination with the excremental. Miró once titled a painting *Man and Woman in front of a Pile of Excrement*, as though this were the most natural thing in the world, which of course it is. I have always thought of the caganer as a sort of spiritual lightning conductor, grounding the mystic birth and our appreciation of its symbols, while also reminding us of the natural cycle of birth, death and decay, and the brief pleasures we get in between, amongst which, the pleasure of shitting is not to be dismissed.

Many people buy caganers as souvenirs. The first one I bought, more than twenty years ago, found his way to the bathroom, where he sat like a little household fertility god on the windowsill, overseeing my own daily offices. The big question was always which way round to face him. This is a matter of taste and decorum. But wherever and however I placed him, he never quite lost his original, perhaps even primitive, function.

NOACK
GEGR.1897
Vorsicht !
Der Aufenthalt und Verkehr
unter schwebender Last
en.

SILVER AND BLUE

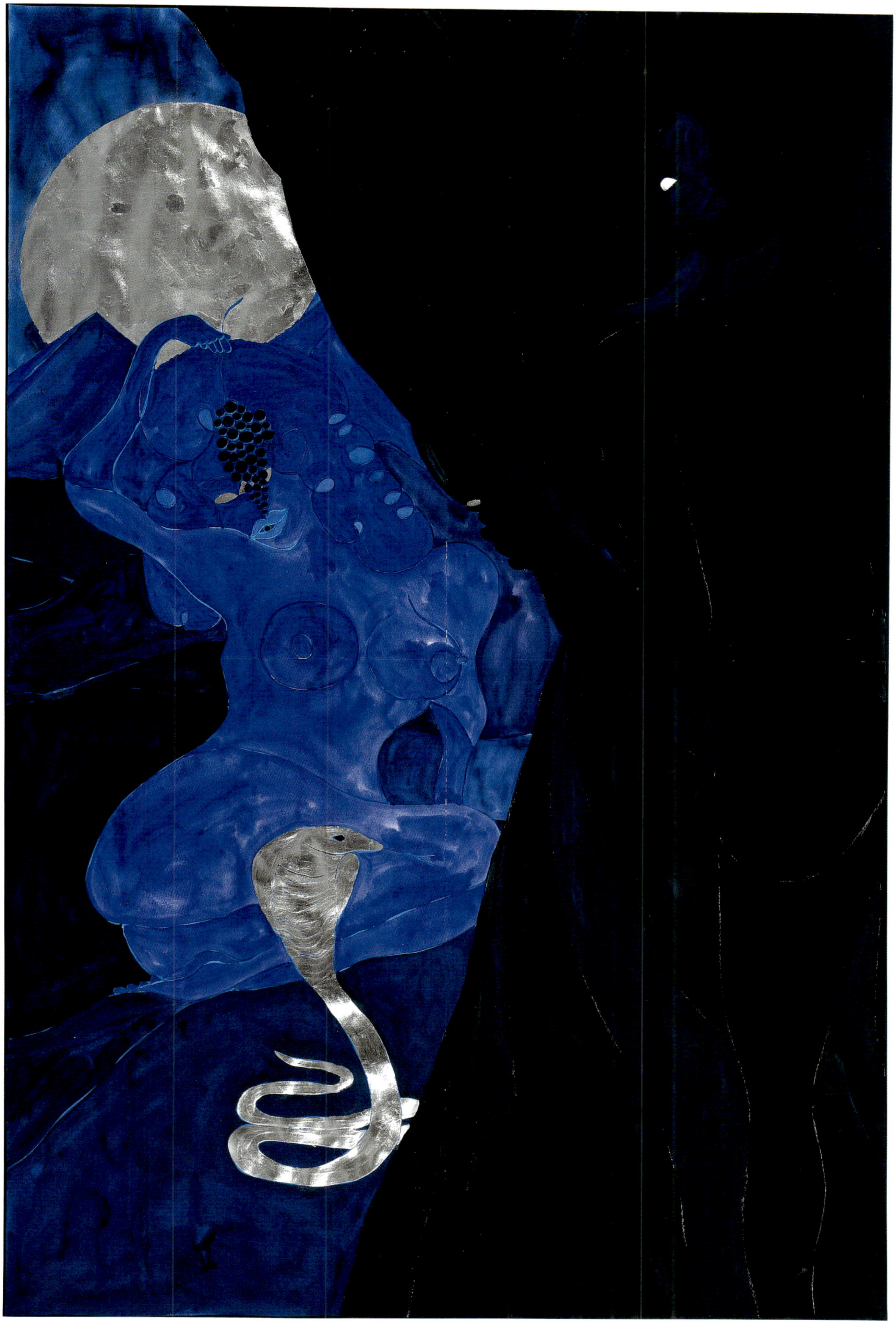

Blu and Silva

Louis Antwi (*Tru Deep*)

My blue bottle mind buzzed
as I sat in the silver she'd spilt.
Left borrowed scents of mother's vanilla
whispering around entranced rooms
Hung sights of smiles
on door frames and bedside tables
Dropping silver sentences like copper.
Except one,
which she placed carefully, as if uncertain,
in those silver entwined presentation boxes
she called eyes.

Eyes that exhaled words.
Words she'd saved up for.
Piling every spare change thought,
every lunch money memory,
every slightly warm,
fluff encased,
back of the sofa gesture
together to afford those words

and that look.
And those tears that should have broke blue
but seemed silver to me.

My blue bottle mind busked for copper words to match
her silver tongue.
Searched for crevices of sound
in valleys of silence that stretched for miles in her mind
'till I found it.
My own silver entwined presentation box
that I had hid under my bed
for fear it might appear blue,
not bad,
just not silver.
But now I knew it would shine in her eyes
My blue bottle mind broke and silver spilt forth.
Her words mirrored and repeated
She crept close,
put her fingers to my lips
and smiled again.

Indeed, when we listen to his handling of lyrics we become aware of that quality which makes for the mysteriousness of the blues: their ability to imply far more than they state outright, and their capacity to make the details of sex convey meanings which touch upon the metaphysical. For, indeed, they always find poetry in the limits of the Negro vocabulary.

Ralph Ellison, "Remembering Jimmy" (Rushing)

Hiphop is just blues—niggas telling their stories over beats.

dream hampton

I'm going to get my pistol, forty rounds of ball.
I'm gonna shoot my woman, just to see her fall.

Furry Lewis

That tough luck has sunk me and the rats is creeping in my hat. Something cold is creeping around. Blue ghost has got me, I feel myself sinking down.

Lonnie Johnson

A monkey in a baseball suit. You come in creeping just like a louse. Got a face like Mickey Mouse.
No use doing your evil ways.
Minnie Wallace

Now when my hair begin to snowdrift and my eyes all dimmer grow that's when I'll lean on loved ones ooo.
Johnnie Temple

I don't like no woman got hair like drops of rain,
because the girl I like got hair like a horses mane.
Jim Thompkins

I lay in my bed. My baby brings me my meals.
What good is a woman if she don't rob and steal?
Gene Campbell

My baby got a bed it shines like a morning star. When I crawl up in the middle it rides me like a Cadillac car.
Blind Wille McTell

My baby got teeth like a lighthouse on the sea. Every time she smiles she throws that loving light on me.

Louie Lasky

That woman is like a tiger, got ways like a bear. Carries a gun in her pocket, a dagger in her hair. To keep her quiet I knocked the teeth out her mouth. That notoriety woman is known all over the south.

Blind Blake

In Black Mountain a child will smack your face.
The babies cry for liquor and all the birds sing bass.

Bessie Smith

You can talk about burnt liver but its narrow face I crave. You can take a narrow face and lead a preacher to his grave.

Washboard Sam

Me and my brother was up in the loft. We was seeing a film when they broke it off.
Tampa Red

Went down to the ocean, looking across on the other side. My woman got little bitty legs but man, what a noble thigh.
Jake Jones

I ain't good looking but I'm somebody's angel child. Come in pretty papa, mama wants some lovin', I vow.
Bessie Smith

I want to know who was the man who took the 'B' out of Blues and made it Loser.
David Hinds, Steel Pulse

Negerhimmel (Blues Clues)

Greg Tate

Am Anfang war das Wort, und das Wort war scheißaufwasdugehörthast, tu so, als wüsstest du alles.

Es ist so weit, dass ein Nigga denkt, er kann sonstwas erzählen und damit für voll genommen werden. Vielleicht hat er es schon getan.

Am Anfang war alles Afrika, aber der Anfang ist lange her, Sugar.

Aber das Rätsel bleibt bestehen. Wie konnten wir so weit kommen, so viel verlieren, so weniges erinnern, und am Ende doch das Geheimnis lyrischer Freuden in so viel Leid besitzen. Zeugt das von Blues-Genen oder Blues-Memen?

„What did I do to be so Black and Blue?" *Louis Armstrong musste es so singen. Amiri Baraka musste es so nennen: „Das vollkommenste Couplet, das die englische Sprache kennt."*

Alles Vollkommene ist ein Vexierbild alles Unvollkommenen auf der Welt. Wie HipHop-Texter packen Bluessänger gerne Witz auf Witz.

Aber dennoch wollen forschende Geister wissen: ist dieser Blues ein Ruf oder ein Lied? Idiom oder Ideengebäude? Ort oder Satzzeichen? Memphis oder Elvis? These oder Antithese? Fäzes oder Synthese? Dein Programm oder deine Pigmentierung? Schwarze Melancholie oder Black Orpheus und Eurydike? Trauerspiel oder Karneval? Und was genau hat Duke Ellington mit „Transbluesency" *gemeint? Und was hatte Oliver Nelson im Sinn, als er die Vermählung von* Blues and The Abstract Truth *bekannt gab? Vielleicht dasselbe, was David Hammons meinte, als er einen Raum voller gaffender, kunstgeschädigter afro-diasporischer Betrachter in schwarz-in-schwarze De-Carava-Silhouetten zurückverwandelte, in blaue Schatten, böse Geister, stolzierende Flammen – die dunklen Halbschatten, die wir ausschließlich dem fötalen Gedächtnis, Rassengedächtnis, Sinnesgedächtnis, Rassengedächtnis zuordnen.*

Geht es um einen Seinszustand oder einen Zustand der Gnade? Sprechen wir vom stahlblauen Miles oder dem ozeanblauen Trane? Oder dem, was Sun Ra und Hieronymus Bosch meinten, Visionen von Engeln und Dämonen beim Spiel, die in ihren Köpfen tanzen?

Die ursprünglichen *Bluesmen* waren blaue Engel aus der Tintenstraßengalaxie: Berber, Tuareg, Dogon, Derwische. Superterrestrische hochfliegende Wüstenschiffer, Felsenbewohner, Nachtgestalten. Der Blueshistoriker Paul Oliver identifizierte sie als „*savanna syncopators*", Savannen-Synkopierer, weil sie auf ihren Gitarren das machten, was uns so gefällt – die schwachen Takte so betonen, dass die starken Takte noch stärker klingen, wenn sie ihre Geschichten von der Liebe zwischen Ruinen und dem Menschen zwischen den Sternen sangen und rausschrien. Als unerschrockene, umherschweifende Engel wussten sie genau, wie sie die weiten, offenen Flächen der Sahara nutzen konnten, von den Löchern, Rastplätzen, Lautlosigkeiten, Schwebezuständen und wirbelnden Scirroccos des Terrains ganz zu schweigen. Sie wussten, wie man die nervöse Spannung aufbaut, die nötig ist, um sich effektiv tot zu stellen und schlaff im Graben zu liegen. Sie wussten nichts von amerikanischer Sklaverei. Sie waren keine gefallenen Engel. Sie hatten keine Vorstellung von weißen Zwergen und Redneck-Teufeln. Sie hatten keine Vorstellung von dem, was Arthur Jafa als den „*Sag*"-Quotienten in der afrikanischamerikanischen Kunst ausmacht. Jenes erkennbare Zeichen eines Zusammenfallens, eines allmählichen Einknickens unter dem Gewicht und dem Druck, den Kopf hochzuhalten. Besonders, wenn alles, was die Welt sieht, das ist, was wir sie sehen lassen: die Stärke und Positur des Atlas, der das Gewicht der ganzen Welt auf der Spannbreite seiner nachgebenden, knickenden Schultern trägt. Jafa versteigt sich sogar zu der Aussage: „Wenn dieser „*Sag*" nicht gegeben ist, ist es nicht schwarz." Wir haben so etwas an uns, wir gefallenen blauen Engel, wir vom Stamme des John Lee Hooker und Son House und der Mississippi Sheiks, den Akt des Aus-dem-letzten-Loch-pfeifens mit einer gewissen *Badass*-Haltung, Selbstachtung und Autorität zu absolvieren. Soll heißen, diese Blues People haben etwas sehr Schutzloses, und eindeutig auch etwas ziemlich Unbeugsames. Und etwas Rastloses und Abenteuerlustiges erst recht.

Auch in Bezug darauf, wo es letztendlich hingehen soll, haben sie etwas Unbeständiges, Zigeunerhaftes. Wie Jimi Hendrix' Bedürfnis, eine Frau an den Ufern von Jupiters Methanseen zu lieben. Wie Robert Johnsons *Terraplane Blues*. (Man bedenke, ein Mann, den es in eine neumodische Depression stürzt, dass was erfunden wurde, das seine Liebste noch schneller von ihm weg befördern kann als ein Nachtzug.) Wie Howling Wolfs Drohung, dass er einen Neger auf den Mond bringen würde. Wie Robert Pete Williams' *Thumbing A Ride Blues*. Oder Blind Willie Johnsons Slidegitarren-funkelnde Klangdichtung für die Heimatlosen zwischen den Sternen, *Dark Was The Night, Still Was The Ground*. Oder die Namen Lightning Hopkins, Muddy Waters und Skip James allein. Solche Namen sagen dir alles, was du wissen musst. Besonders, dass manche Brüder gerne in Bewegung bleiben, sich nicht gerne an einen Ort, eine Frau oder ein Sternbild binden. Es sind Fahrende-Sternschnuppen-Nachtportier-Troubadournamen. Namen, zu denen Namen, die wie Masken getragen werden, weil das Gesicht, das sie der Welt zeigen, nicht das Gesicht des Gebets oder der Trauer ist, sondern ihr Jagdgesicht, ihr kampfbereites Gesicht. Ihr Was-immer-du-hast-raus-damit-Gesicht, ich hab schon Schlimmeres gesehen und ich lebe noch, warten wir ab, wie es bei dir aussieht, wenn der Morgen anbricht und ich längst auf und davon bin, weit weg von hier.

Dieser Blues lebt mindestens so sehr wie von Mythos und Machismo auch von der Wahrheit dessen, was erforderlich ist, um sich mehr oder weniger ehrlich durchs Leben zu schlagen, um deinen einen Song in den Knochen anderer Leute nachklingen zu lassen, als sei es auch deren Wahrheit, auch deren Song.

Das ist die Crux des ganzen – wir wissen, hier lügt jemand das Blaue vom Himmel herunter, aber wie jede gut erzählte Geschichte weckt es zugleich den Wunsch, daran zu glauben. An den Erzähler und das Erzählte, an den Walfänger und den Wal. An die Art von Geschichten, die wir uns von Biggie, Fitty, Kim, Lauryn, Nas, Rakim, TI und Jay-Z um die Ohren hauen lassen, als gehörten wir zu denen, die sich gerne ein bisschen härter anfassen lassen.

Das Böse kommt auf leisen Sohlen.
Er-sie ein Mörder
Ein Weiberheld (hat zwei Geliebte, die Tür an Tür wohnen, und behauptet, wie Sonnyboy Williamson, sie beide gleich lieb zu haben)
Ein Fremdling, der bei uns eindringt
Ein Teufel im roten Kleid
Ein Ding aus dem Sumpf
Eine Hurenkönigin
Einer, der hintenrum deine Frau fickt
Ein Tutti Frutti
Ein Rebel without a pause
Ein Dichter, ein Raumfahrer, ein Kamelreiter, ein Wassergeist, eine Amazone im Streitwagen.
Ein Höllenengel auf der Straße nach Mekka.

(Dieser Blues? Like Rainer Maria Rilke *by any other name/That sweetmouthed black angel Tupac Shakur caught out there/caught up in the game.)*

Negro Heaven (Blues Clues)

Greg Tate

In the beginning was the word and the word was fuckwhutchaherd, act like ya know.

Got to where a nigga thinks he can say anything and make it stick for true. Maybe he already has.

In the beginning there was only Afrika but we're a long way from the beginning, Sugar.

The mystery remains all the same though. How did we travel so far, lose so much, remember so little, and still wind up possessing the secret of lyrical joy inside so much pain. Is that a testament to blue genes or blue memes?

'What did I do to be so Black and Blue?' Louis Armstrong had to sing it. Amiri Baraka had to call it: 'The most perfect couplet in the English language.'

All perfection is a distortion of all the world's imperfections. Like hiphop lyricists the blues singers like to pile on the wit.

Even so inquiring minds want to know: is this blues a shout or a song? An idiom or a set of ideas? A place or a punctuation mark? Memphis or Elvis? Theses or antithesis? Feces or synthesis? Your concept or your coloration? Black melancholia or Black Orpheus and Eurydice? The crying game or the carnivalesque? And what exactly did Duke Ellington mean when he spoke of Transbluesency? And what was on Oliver Nelson's mind when he proposed the marriage of Blues and The Abstract Truth? Perhaps the same thing David Hammons meant when he transformed a room full of gawking, art-damaged Afro-diasporic spectators back into black on black De Carava silhouettes, blue shadows, wicked wraiths and strutting flames — the dark penumbras they thought were strictly the property of womb memory, race memory, sense memory, race memory. Are these blues about a state of being or a state of grace? About steel-blue Miles or ocean-blue Trane? Or what Sun Ra and Heironymous Bosch meant, visions of Angels and Demons at Play dancing around their heads?

The original bluesmen were blue angels from the Inky-Way galaxy: Berbermen, Tauregmen, Dogonmen, Dervishmen. Superterrestrial high-flying desert trawlers, cliff dwellers, nightcrawlers. The blues historian Paul Oliver identified them as Savanna Syncopators because they did that thing we like on their guitars — stressing the weak beats so that strong beats sounded even stronger — as they sang and shouted their stories of love amongst the ruins and men among the stars. As intrepid floating angels they knew exactly what to do with the wide open spaces of the Sahara, not to mention that terrain's holes, rests, silences, suspensions and whirling siroccos. They also knew how to work the tension required to effectively play dead and to lay slack in the cut. They didn't know about American slavery. They weren't fallen angels. They had no conception of white dwarfs and redneck devils. They had no conception of what Arthur Jafa identifies as 'The Sag' quotient in African American art. That identifiable sign of a thing falling apart, of a thing ever so slightly collapsing under the weight and the pressure of keeping its head up. Especially when all the world sees is what we want it to see: the strength and posturing of Atlas, the weight of the whole world on his sagging and tilted wingspan shoulders. Jafa going so far as to say 'It ain't Black if it ain't got no Sag in it'. It's that way we got about us, we fallen blue angels, we members of the tribe of John Lee Hooker and Son House and the Mississippi Sheiks, of bringing a certain badass attitude, dignity and authority to the act of hanging on by one thin thread. Meaning there's something quite vulnerable about these blues people and something clearly, quite indomitable too. Not to mention something restless and adventurous.

Something flighty and gypsy-like about them in the finale determination too. Like Jimi Hendrix's need to make love to a woman down by Jupiter's methane seas. Like Robert Johnson's 'Terraplane Blues'. (Consider a man thrown into a newfangled fit of depression by the invention of something that could take his baby away even faster than a night train could.) Like Howling Wolf's threat that he was gonna put a coon on the moon. Like Robert Pete Williams' 'Thumbing A Ride' blues. Or Blind Willie Johnson's slide guitar-lit tone poem for the homeless among the stars, 'Dark Was The Night, Still Was The Ground'. Or let's just deal with the names of Lightning Hopkins and Muddy Waters and Skip James alone. Names like that tell you everything you need to know. Especially about how certain brothers like to keep it moving, not get too tied down to one place, one woman, one set of star coordinates. Travelling, shooting star, night porter troubadour names. Names that come with furiously beating wings attached and the wind at their backs. Names that function as masks because the face they show the world is not the face of prayer or mourning but their game face, their battle-ready face. Their whatever-you-got-you-best-bring-it-on face because I've seen worse and I'm still standing and we'll see where you'll be when the morning comes and I'm the one off and gone way down the road away from here.

Myth and machismo fuel these blues but no more than the truth of what it takes to live by your wits, to make your one song echo through other folks' bones like it was their truth, their song too.

This is the crux of the thing—it's all make believe but like all good storytelling it makes you want to believe too. In the teller and the tale, the whaler and the whale. The kind of tales we love to hear Biggie, Fitty, Kim, Lauryn, Nas, Rakim, TI and Jay-Z slam up against our ears like we're the type who like it a little rough.

Something wicked this way comes.
He-she a murderer
A skirt chaser (got two lovers who live next door
and like Sonnyboy Williamson, claims to love them
both the same)
An alien invader
A devil in a red dress
A swamp thing
A harlot queen
A back door man
A tutti frutti
A rebel without a pause
A poet, a space pilot, a camel jockey, a merman,
a chariot riding Amazon.
A hell's angel on the road to Mecca.

{These blues? Like Rainer Maria Rilke by any other name/ That sweetmouthed black angel Tupac Shakur caught out there/caught up in the game.}

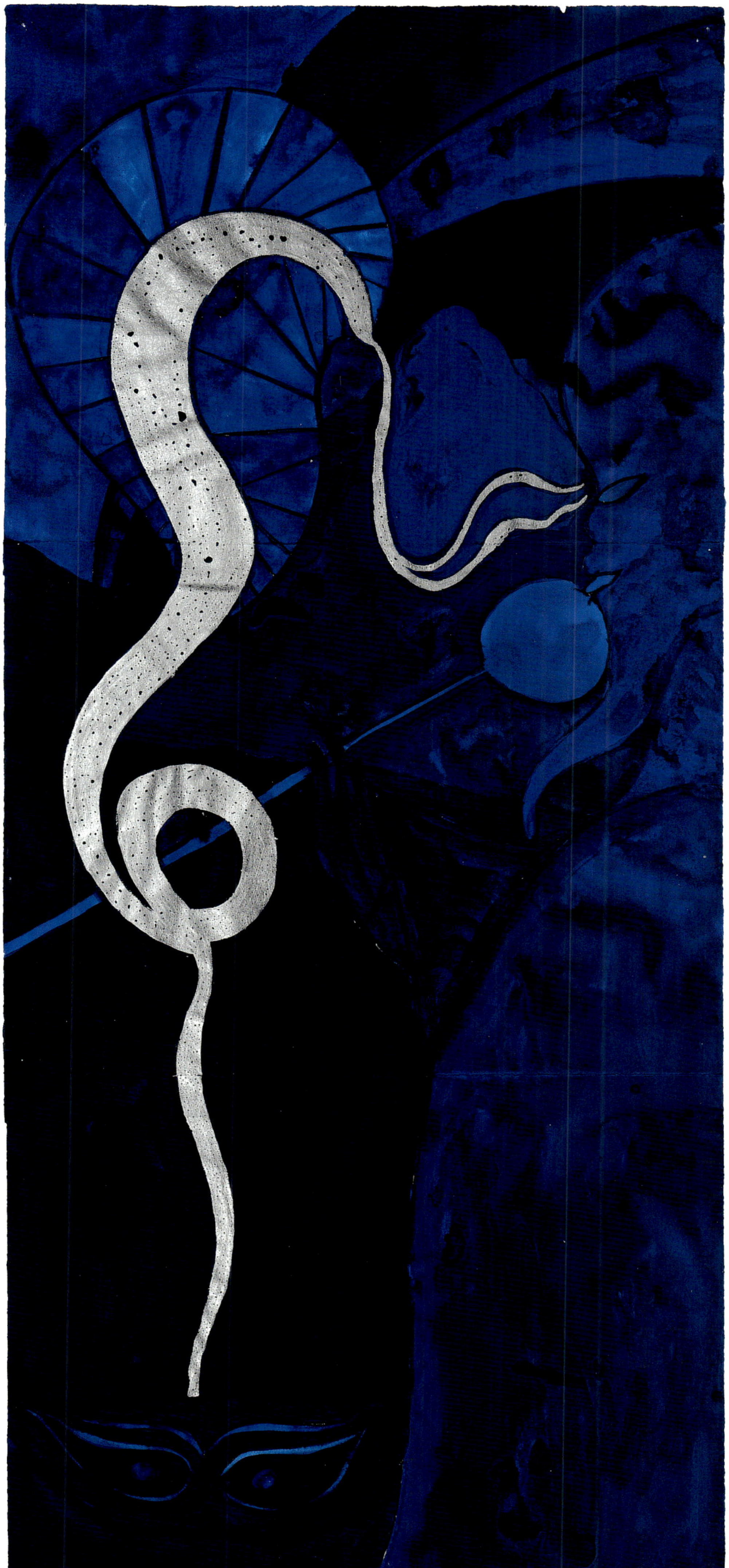

Extended Remix

The Blue Rider Extended Remix

Hilke Wagner

"Die Neigung des Blaus zur Vertiefung ist so groß, dass es gerade in tieferen Tönen intensiver wird und charakteristischer innerlich wirkt. Je tiefer das Blau wird, desto mehr ruft es den Menschen in das Unendliche, weckt in ihm die Sehnsucht nach Reinem und schließlich Übersinnlichem."

Wassily Kandinsky, *Über das Geistige in der Kunst*, 1910

Die aktuelle Werkserie Chris Ofilis scheint unerwartet frei und trotz seiner Selbstbeschränkung auf Blau- und Silbertöne[1] von einer überraschenden Vielschichtigkeit. Trotz oder gerade ihretwegen, denn vielseitig sind auch die Konnotationen, mit denen wir die Farbe Blau verbinden: Blau ist Symbol für Wahrheit und Ewigkeit, im Märchen steht sie für das Rätselhafte, in der Traumdeutung für das Wunderbare (daher die Vorliebe der Romantiker für diese Farbe), in der Ikonografie für das Göttliche, im Mantel Mariens auch für die Unbeflecktheit, das Reine. Blau steht aber auch für Sehnsucht, für das Unerreichbare, als Farbe des Wassers und des Firmaments für die Tiefe, die Weite, die Unendlichkeit. Blau steht für das Geistige bei Kandinsky und ist die Farbe der Unergründlichkeit. Und nicht zuletzt ist Blau die Farbe des Blues, der Melancholie.

Es sind Blautöne in allen Variationen, samtig-warm meist, immer wieder kombiniert mit kühl glänzendem Mondlicht: Silber. Allein diese facettenreiche Farbe gibt der Werkserie eine formale Einheit, sind die Themen und Bildmotive doch divergent. Wie Puzzleteile erscheinen die einzelnen Arbeiten, und doch ergeben sie kein Bild. Es sind Nachtansichten und Nachtstimmungen, die so dunkel sind wie die Nächte in Trinidad, Ofilis neuer Wahlheimat, wo die Nacht mit einem Mal und früh hereinbricht, länger und tiefer zu sein scheint als anderswo und die Stimmung mit einem Schlag verändert, hin zu einer seltsamen Melancholie. Voller Symbolik – entlehnt der Mythologie oder der christlichen Ikonografie – zeichnen Ofilis neue Arbeiten das Bild eines mystischen Paradieses.

Wahrhaft verführerisch schön erscheinen die Werke in ihrer tiefen Farbigkeit, in ihrem silbrig schimmernden, naiven Leuchten, doch dunkel sind die Themen: Somnambule Gestalten, bewaffnete Streiter, Sünder und Verführer begegnen uns in tropischem Mondlicht.

Die Versionen der „Blue Nude" zeigen verführerische Bacchantinnen und stehen – wenigstens was ihren Titel betrifft – in der Tradition der gleichnamigen blauen Akte eines Pierre Bondards (1899), Picassos (1902) und selbstverständlich und vor allem Henri Mattisses (1952). Die Trauben, Attribute aller Akte der aktuellen Werkserie und in der Kunstgeschichte stets Sinnbild für Eitelkeit und Überfluss, Luxuria und Vanitas, symbolisieren die Verlockung zur Sünde ebenso wie die Schlange, die uns in Variationen – meist als silbrige Cobra – in vielen Arbeiten der Serie als Symbol für die Verführungsmacht des Bösen begegnet. Daneben verschiedene Versionen von Schlangenbeschwörern, Verführern der Verführerin. Bezirzerinnen par excellence auch die Sirenen, die einigen groß- und kleinformatigen Arbeiten den Titel geben. Diese antike Vogelfrau, die in hellenistischer Zeit zur fischschwanzigen Nixe mutierte, lockte mit betörendem Gesang Seeleute an, um sie zu töten. Die Nixe verkörpert als Doppelwesen in ihrer Zweigestaltigkeit den Zwiespalt von Leib und Seele, Trieb und Beherrschung. Ofilis Sirenen tummeln sich im

Meer, ihrem Element, umgeben von heiter springenden Delphinen, nicht weniger symbolisch aufgeladenen Kreaturen. Den Griechen galten sie als göttlich, der Delphinreiter gar als Sinnbild für die Todesüberwindung, war es doch der Delphin, der nach antiker Vorstellung die Seelen ins Jenseits trug. In der frühchristlichen Kunst steht der Delphin, wie das Fischsymbol im Allgemeinen, auch als Symbol für Christus. Oder ist es gar Poseidon, Herrscher über die Meere selbst, der hier zwischen Delphinen, seinen steten attributiven Begleitern, um seine Amphitrite buhlt?

Ganz bewusst bewegt sich Ofili hier an der Grenze zum Kitsch – ästhetische Korrektheitsgebote ließ Ofili für sich ohnehin nie gelten, im Gegenteil: Er verabscheut hierarchische Kriterien: „Für mich war eigentlich immer klar, dass meine Malerei aus der Hip-Hop-Kultur kommt. Das bedeutet, dass weder bei der Entstehung noch bei der Betrachtung von Dingen hierarchische Kriterien eine Rolle spielen. Alles wird gleich behandelt."[2] Im Zentrum seines Interesses stand stets der Abfall der Hochkultur: „Junk ist ja das eigentlich Spannende. Wie die Fliege, die Fliegen, die um Abfälle und alles andere schwirren, was nicht zur Hochkultur gehört. (...) Nicht den Kern, sondern den Schutt an der Peripherie. Ich möchte die Dinge, die abgelehnt werden, genauso sehen, wie jene, die es ins Rampenlicht schaffen."[3]

Eine Geschichte von Verrat und Verführung erzählt auch das erst kurz vor Eröffnung der Ausstellung entstandene „Thirty Pieces of Silver", das Judas letzte Tage und Salomés Tanz in einer Szene vereint. Das Werk geht der Frage nach, was passiert wäre, hätte Judas die 30 Silberlinge nicht, wie in der Bibel beschrieben, an die Hohenpriester zurückgegeben, nicht Selbstmord begangen. Die dazugehörige, imaginär konsekutive Striptease-Szene ist ebenfalls biblischen Ursprungs: Der Tanz der Sieben Tücher, mit dem Salomé von Herodes den Kopf Johannes des Täufers erwirkt. Die Salomé – entstanden nach einer freien Zeichnung und erstmals auch nach einem Modell –, ist im Bildaufbau jedoch inspiriert von einer Salomé-Darstellung Aubrey Breadsleys, der das gleichnamige, 1894 erstmals im Englischen publizierte Bühnenstück Oscar Wildes illustrierte. Aubrey Breadsley (1872-1898), einer der bekanntesten Künstler des englischen Modern Style, schuf inspiriert auch von Edward Burne-Jones ähnlich morbide, frivole Gestalten wie sie uns in den Werken Ofilis aktueller Produktion begegnen.

Verweise auf den Jugendstil finden sich auch in den flächigen, ornamenthaften Darstellungen von Vegetation, die ein exotisches Bild eines nächtlich-düsteren Garten Eden zeichnen. Der Jugendstil – wie auch der Blaue Reiter (der Verweis auf letzteren wird bereits im Titel der Werkserie offenbar) strebte nach einer Verschmelzung von Kunst und Leben, einer Wiedereinbeziehung des Alltäglichen in die Kunst und vertrat wie jener die Vorstellung von einem Gesamtkunstwerk, das verschiedene Kunstgattungen, Bildende Kunst, Dichtung und Musik in sich vereinte. Verschiedenste kulturelle Einflüsse – auch Formen der afrikanischen Volkskunst – flossen in einem Werk zusammen. Ein transkulturelles Vorgehen, wie man es heute nennen würde, das sich auch Ofili – als afroeuropäischer Künstler quasi umgekehrt – zueigen macht. Ofili verband stets abendländische Kunstgeschichte mit Stilelementen außereuropäischer Kunst und verbildlichte so die Vorstellungen heutiger Kulturtheoretiker, wie Homi Bhabha oder Stuart Hall, denen zufolge in einer von Migration bestimmten postkolonialen Situation des „Zwischenraums" ohnehin keine kulturelle Einheit, keine „Authentizität" mehr existiert. Ofili geht sogar einen Schritt weiter, indem er schwarze Exotismen einsetzt, mit Klischees der afrikanischen Kunst spielt und den Ruf nach Authentizität mit der Verwendung von

Elefanten-Dung fast zynisch ad absurdum führt. Widersprüche zu erzeugen, ist Teil der Strategie. Gebrochen wird der paradiesische Schein der Blue-Rider-Serie auch von karnevalesken Elementen, vor allem in den beiden lebensgroßen, in Bronze und Nickelsilber gegossenen Skulpturen. Diese Skulpturen – als Medium ein Novum in Ofilis Werk und gegossen in der Gießerei, in der auch Henry Moore seine Arbeiten fertigen ließ – „Blue Moon" und „Silver Moon" spiegeln in sich die Dichotomie zwischen Sakralem und Profanem. Frontal betrachtet, bilden sie ein thronendes Königspaar, stolz und würdevoll. Er ist dunkelblau, sie silber. Beide sind schwarz, mit Afrohaarpracht und Rastafari-Bart. Erst beim Umschreiten der Skulpturen offenbart sich grotesk ihre gewöhnliche Menschlichkeit, zeigen doch beide ein entblößtes, glänzendes Gesäß (engl.: „to moon") und bewegen sich so – je nach Betrachterstandpunkt – zwischen Privat- und Exponiertheit. Schamlos verrichten sie das natürlichste und doch peinlichste aller menschlichen Bedürfnisse, während sich ihre Exkremente in den blank polierten Hinterteilen spiegeln. Doch man vergesse nicht: Die Scham kam nach dem Sündenfall. Und so sind die Skulpturen bei aller skatologischer Obszönität, die kulturgeschichtlich betrachtet zunächst gar keine war, doch letztlich ein Bild von Einheit und Vertrautheit, ebenso wie die kleinformatigen Skulpturen „Bound and Gagged", schwarze Paare umrankt von filigraner Vegetation als Bild von Vereintsein, Einssein.

Inspiriert ist das Skulpturenpaar „Blue Moon" und Silver Moon" von den so genannten „Caganern", traditionellen katalanischen Krippenfiguren, die inmitten des heiligen Geschehens, wenngleich auch meist versteckt, ihre Notdurft verrichten und so die heilige Szene mit geballter Weltlichkeit auf ein menschliches Maß herunter brechen. Chris Ofili entdeckte diese außergewöhnlichen Krippenfiguren während eines Studienaufenthaltes in Barcelona. Sie mussten ihn faszinieren, verkörpern sie doch die auch für Ofilis Werk so charakteristische Verbindung von Heiligem und Profanem, von High und Low. Schon die „Holy Virgin Mary", Ofilis schwarze Madonna von 1996, Teil der legendären „Sensation"-Ausstellung, mit der die Young British Artists für Furore sorgten, spiegelt bereits dieses Interesse an einer Erdung des Sakralen. Umgeben war das Bildnis der Heiligen Jungfrau Maria – erst beim näheren Hinschauen ersichtlich – von Ausschnitten aus Pornomagazinen und brachte so eines der heiligsten Bilder in direkte Verbindung zur kommerziellen Populärkultur. Der Empörung entgegnete Ofili mit dem Verweis auf die sexualisierten Darstellungen Mariens schon in der älteren Kunstgeschichte, wie beispielsweise derer Van Eycks oder Jean Fouquets, die Maria mit entblößter Brust zeigten. Bei Ofilis schwarzer Madonna ging es um das Paradoxon der jungfräulichen Mutter, das Klischee der schwarzen Frau, darüber hinaus auch um die Sexismen der Hip-Hop-Szene. Geerdet war die heilige Szene im doppelten Sinne, denn Ofili präsentierte sie nicht an der Wand hängend, sondern auf zwei Klumpen Elefanten-Dung am Boden stehend. Ofili scheut den Tabubruch nicht: er ist ein Kind der Hip-Hop-Kultur, die keine Angst davor hat, „etwas Falsches zu sagen oder auch sich über etwas Heiliges lustig zu machen."[4] Mit Blasphemie hat dies indes nichts zu tun. Gleiches gilt für die Installation „The Upper Room" (1999-2002), heute Teil der Sammlung der Tate Britain. In einem schlichten kapellenartigen Holzraum befindet sich frontal das goldene Bild eines Rhesusmakaken, flankiert von je sechs monochromen, gedämpft sakral beleuchteten glitzernden Affendarstellungen vor ornamenthaftem Bildhintergrund. Hanuman, der Affengott, samt 12 Affenaposteln. Statt Weihrauch der beißende Geruch von Elefanten-Dung in der Luft.

Auch in den Werken der Blue-Rider-Serie gelingt es Ofili, vertraute Bildsprache in neue Zusammenhänge zu stellen. Er schafft eine Art visuelle Poesie mit der Expressivität eines Blues-Songs, dessen Sound man mitunter gar aus den Bildern klingen zu hören meint. Diese synästhetische Qualität seiner Malerei beschrieb Ofili bereits im Jahr 2000: „Sie ist keine Illustration von Musik, eher der Versuch etwas zu finden, das wie Hören oder Sehen ist. Wenn du dir etwas anhörst, so geht das in dieselbe Hirnregion, in der auch das Sehen stattfindet. Ich versuche also Bilder zu malen, die man eher hört als sieht. Musik fürs Auge, Bilder, die die Augen hören und die Ohren sehen lehren.“[5] Und wir hören Geschichten wie sie der Blues erzählt, von Verrat, Mord und Prostitution, unerwiderter Liebe, Einsamkeit und Untreue, aber auch von Religion, Unterdrückung und Sexismus. Selbst im Ausstellungstitel wird der Bezug zur Musik offenbar: Remix[6]. Dieser der Musikszene entlehnte Begriff spielt nicht nur an das immer neu Kombinieren von Exponaten für verschiedene Ausstellungen an. Er beschreibt vielmehr auch Ofilis künstlerisches Vorgehen an sich: Bildelemente und Referenzen unterschiedlichster Provenienz, diverser und divergenter kultureller, ästhetischer und historischer Kontexte fließen in ein Bild zusammen und schaffen als visuelles Sampling neue Sinnzusammenhänge, wie im Blues eben, der europäische und afrikanische Musiktraditionen in sich vereint.

1 Bereits 2003, als er Großbritannien auf der Biennale in Venedig vertrat, unterwarf Ofili sich einem strengen Farbkodex: Rot, Schwarz und Grün. Damals war die Farbwahl in einem politisch-ideologischen Kontext zu lesen., denn Rot, Schwarz und Grün sind die emblematischen Farben der transnationalen Flagge der „schwarzen Nation“, die im Zusammenhang mit der Universal Negro Improvement Association (UNIA) aufkam, einer Organisation zur Stärkung schwarzer Autonomie, gegründet 1914 auf Jamaika von Marcus Garvey.

2 Chris Ofili im Interview mit Paul D. Miller, in: *Parkett,* Nr. 58, 2000, S. 171

3 a.a.O., S. 172

4 a.a.O., S. 176

5 a.a.O., S. 174

6 „Der Remix rettet je nach Anlage viel oder wenig des alten Stückes in die neue Form hinüber, und je nach Remix kann man von einem neuen Lied oder einer vorsichtig renovierten Form des alten Liedes sprechen (...). Denn ein Remix kann nicht nur die Anpassung an einen neuen Kontext gewährleisten, sondern auch die Aktualisierung eines alten Gedankens ermöglichen. (...) Der Remix will dem Original zu neuem Leben verhelfen, will seinen Einfluss stärken und seine Idee retten. (...) Es geht nicht um die Errettung der Authentizität, sondern um die Erschaffung einer neuen Authentizität.“ Ulf Poschardt, *DJ Culture – Discjockeys und Popularkultur,* Hamburg, 1997, S. 35

The Blue Rider Extended Remix

Hilke Wagner

The tendency of blue towards deepening is so strong that, especially in deeper tones, it becomes more intensive and seems more characteristically inward. The deeper that blue becomes, the more it summons man into infinity, awakens in him a longing for purity and ultimately for the supernatural.

Wassily Kandinsky, *Concerning the Spiritual in Art*, 1910

The current series of works by Chris Ofili appears unexpectedly free and, notwithstanding his self-imposed limitation to tones of blue and silver,[1] displays a surprising complexity. These effects arise in spite of – or precisely because of – this restriction, because we associate the colour blue with connotations that are quite diverse: blue is the symbol for truth and eternity; in fairy tales it stands for the mysterious; in dream interpretation for the miraculous (hence the special fondness the Romantics had for this colour); in iconography for the divine; not to mention, in the cloak of Mary for chastity and purity. But blue also stands for yearning, for the unattainable; as the colour of water and the sky, it represents depth, distance, expanse, infinity. For Kandinsky, blue stands for spirituality and is the colour of unfathomability. And, not least, blue is the colour of melancholy, of the blues.

Chris Ofili presents blue tones in all sorts of variations, mostly with a velvety warmth, combined again and again with coolly luminous moonlight: silver. This richly faceted colour imbues the series of works with a formal unity in spite of the divergent themes and pictorial motifs. The individual works seem to be parts of a puzzle, and yet they do not conjoin to produce an overall picture. There are nocturnal views and gloomy atmospheres that are as dark as the nights in Trinidad, Ofili's recently chosen home, where night falls early and suddenly, seems to be longer and deeper than elsewhere and alters the mood all at once in the direction of an enigmatic melancholy. Full of symbolism borrowed from classical mythology or from Christian iconography, Ofili's new works present the image of a mystical paradise.

In their deep coloration, in their silvery shimmer and naïve luminosity, the works exude an authentic seductiveness, but the themes are dark: sleepwalking figures, armoured combatants, sinners and seducers cross our path in the tropical moonlight.

The versions of the *Blue Nude* depict tempting and enticing bacchantes and are situated – at least as far as their title goes – in the tradition of the same-named blue nudes of Pierre Bonnard (1899), Pablo Picasso (1902) and above all Henri Matisse (1952). The grapes – attributes of all the nudes in the current work series, and in art history always a representation of *luxuria* and *vanitas*, extravagance and vanity – symbolize the seductiveness of sin, just as the snake that we encounter in many works within the series in various forms, mostly as a silvery cobra, functions as an icon of the tempting power of evil. In addition, there are various versions of snake charmers, tempters of the temptress. Emanating a deadly charm par excellence are the sirens, who provide the titles for several large and small-scale works. These ancient bird-women, who were transformed in the Hellenistic period into fish-tailed mermaids, lured men with their captivating song, then killed their entranced victims. As a double being of mixed form, the mermaid embodies the conflict between body and soul, instinctual desire and self-control. Ofili's sirens splash about in the water, their natural element, surrounded by cheerfully leaping dolphins, creatures that are no less laden with symbolism. The Greeks considered them to be divine and even viewed the rider upon the dolphin as a symbol for overcoming death, as in ancient lore it was the dolphin that guided souls into the other world. In early Christian art the dolphin, as the fish figure in general, represents Christ. Or is it perhaps Poseidon himself, the ruler of the seas, who is here courting Amphitrite amid the dolphins that always accompany him?

Ofili situates himself quite deliberately here at the border of kitsch. He has never acknowledged the validity of warnings regarding aesthetic correctness concerning his art; on the contrary, he detests hierarchical criteria and has stated, "It has always been clear to me that my painting comes out of hip-hop culture. That means that neither in the creating nor in the viewing of things do hierarchical criteria play a role. Everything is treated the same."[2] His interest is always focused upon the waste products of high culture: "Junk is actually what is interesting. Just like the fly, the flies, which swarm around garbage and everything else that doesn't belong to high culture.... Not the centre, but the debris along the periphery. I want to view the things that are rejected in exactly the same manner as the ones that make it into the limelight."[3]

A history of betrayal and temptation is also narrated in the work entitled *Thirty Pieces of Silver*, which combines the last days of Judas and the dance of Salomé into one scene. The work investigates what would have happened if Judas had not returned the thirty silver coins to the High Priest and therefore had not committed suicide, as is described in the Bible. Likewise, the appertaining, imaginary striptease scene that follows has a Biblical origin, namely the dance of the seven veils, through which Salomé induces Herod to order the beheading of John the Baptist. The Salomé figure, created after a free drawing and also after a model, was inspired in its pictorial structure, however, by a depiction of Salomé by Aubrey Beardsley, who illustrated the play of the same name, which was written by Oscar Wilde and published for the first time in 1894. Aubrey Beardsley (1872–98), one of the best-known artists of the Modern Style in England, was himself inspired by Edward Burne-Jones and created similarly morbid, frivolous figures such as we encounter in Ofili's current production.

References to Jugendstil may also be found in the flat, ornamental representations of vegetation that portray an exotic picture of a gloomy, nocturnal Garden of Eden. The Jugendstil movement – as did *Der Blaue Reiter* ("The Blue Rider", the reference to which is already evident in the title of the work series) – sought to attain a merging of art and life, a renewed inclusion of everyday life in art, and both movements promulgated the concept of a total work of art that unified within itself various artistic genres: the fine arts, poetry and music. Highly diverse cultural influences, as well as forms of African folk art, flowed together into one work. This was a transcultural activity, as one would call it today, one which Ofili – as an Afro-European artist in a more or less reverse manner – makes his own. Ofili has always combined Western art history with stylistic elements from African art, thereby giving visual expression to the concepts of contemporary cultural theoreticians such as Homi Bhabha or Stuart Hall, according to whom there no longer exists any cultural unity, any "authenticity", in a post-colonial situation that is defined by migration and characterized by an "intermediate space". Ofili even goes one step further and uses black exoticisms, plays with the clichés of African art and by using elephant dung even pursues the call for authenticity, in an almost cynical manner, to the point of absurdity. Engendering contradictions is part of the strategy.

The paradisiacal appearance of the current work is broken by carnival elements, in particular by two life-size sculptures cast in bronze and nickel silver. These sculptures are a new medium in Ofili's work and were cast in the foundry where Henry Moore had his works produced. *Blue Moon* and *Silver Moon* mirror the dichotomy between the sacred and the profane. Viewed from the front, they constitute an enthroned royal couple, proud and dignified. He is dark blue, she is silvery. Both have black physiognomies and splendid Afro-hairstyles, and the king has a Rastafarian beard. It is only on walking around the sculptures that their down-to-earth humanity is revealed in a grotesque manner: each displays a pair of shiny, naked buttocks in the act of "mooning". Thus, according to the viewpoint of the observer, the sculptures oscillate between privacy and public prominence. Shamelessly they carry out the most natural and yet most embarrassing of human functions while their excrement is mirrored in the brightly polished back parts. But it should not be forgotten that shame came after the fall from paradise through original sin. So the sculptures, in spite of all their scatological obscenity, which from a cultural-historical point of view is none at all, ultimately present an image of unity and familiarity, just as the small-format sculpture *Bound and Gagged,* a black couple surrounded by filigreed vegetation, may be understood as an image of togetherness, of unity.

The sculptural pair *Blue Moon* and *Silver Moon* takes its inspiration from the so-called *caganers,* traditional figures in the Catalan nativity scene who relieve themselves in the midst of the holy happenings, even if most often covertly, and thereby bring the sacred scene down to a human level with concentrated worldliness. Chris Ofili discovered these extraordinary nativity-scene figures during a study residence in Barcelona. It was inevitable that they would fascinate him, as they embody the interconnection, so typical in Ofili's oeuvre as well, between holy and profane, high and low. *The Holy Virgin Mary,* Ofili's black Madonna from 1996 and part of the legendary 'Sensation' exhibition in which Young British Artists caused quite a stir, already reflected this interest in a bringing down to earth of the sacred and divine. Only apparent upon close inspection, the image of the Holy Virgin Mary was surrounded by excerpts from porno magazines, so that one of the world's most holy images was brought into direct contact with popular commercial culture. Ofili countered the ensuing indignation with a reminder of the sexualized representations of Mary already present in art history, for example in the paintings of Van Eyck or Jean Fouquet, where Mary is shown with a naked breast. With Ofili's black Madonna, it is a matter of the paradox of the virgin mother, the cliché of the black woman and furthermore the sexism of the hip-hop scene. The sacred scene was brought down to earth in a double sense, for it was presented by Ofili not hanging on the wall but resting upon two lumps of elephant dung on the floor. Ofili is not reluctant to break taboos: he is a child of hip-hop culture who is not afraid of "saying something wrong or making jokes about something holy"[4], but this has nothing to do with blasphemy. The same is true for the installation *The Upper Room* (1999–2002), which today is a part of The Tate Collection. In a simple wooden room resembling a chapel, the golden image of a rhesus monkey occupies a central position, flanked on each side by six monochromatic, shining depictions of monkeys, lighted in a discreet, sacred manner and placed before an ornamental pictorial background. This is Hanuman, the Monkey King, with his twelve simian apostles. Instead of incense, the biting smell of elephant dung hangs in the air.

In the works of 'The Blue Rider' series, Ofili manages again and again to conduct familiar pictorial language into new contexts. He thereby creates a sort of visual poetry with the expressiveness of a blues song whose actual sound one sometimes believes to be coming right out of the pictures. This synaesthetic quality of his painting had already been described by Ofili in 2000: "It is not an illustration of the music but instead an attempt to find something that is like hearing or seeing. When you listen to something, the impulse goes to the same region of the brain where seeing takes place as well. So I try to paint pictures that you hear rather than see. Music for the eye, pictures that the eyes hear and the ears learn to see."[5] And we hear stories such as are told by the blues about betrayal, murder and prostitution, unrequited love, loneliness and unfaithfulness, but also about religion, repression and sexism.

Even in the title of the exhibition, the connection to music becomes apparent in the word "remix"[6]. This term, borrowed from the music scene, not only makes reference to the constantly new combination of exhibited objects for various shows, but also in a more fundamental sense, it describes Ofili's artistic practice in its essence. Pictorial elements and references from varying provenances, along with diverse and divergent cultural, aesthetic and historical contexts, flow together into one picture, thereby creating new interconnections of meaning as a sort of visual sampling, just like in the blues, which unite the European and African musical traditions.

1 Already in 2003, when he represented Great Britain at the Venice Biennale, Ofili subjected himself to a strict colour code: red, black and green. At that time the selection of colours was intended to be read in a political and ideological context. Red, black and green form the transnational flag of the "Black Nation", which came into being in connection with the Universal Negro Improvement Association (UNIA), an organization dedicated to the enhancement of black autonomy, founded on Jamaica in 1914 by Marcus Garvey.

2 Chris Ofili in an interview with Paul D. Miller, in *Parkett*, nr. 58, 2000, p. 171.

3 Ibid., p. 172.

4 Ibid., p. 176.

5 Ibid., p. 174.

6 "The remix transfers, in accordance with the governing conception, much or little of the old piece into the new form, and according to the particular remix one can speak of a new song or of a cautiously renovated form of the old song....For a remix is capable, not only of guaranteeing the adaptation to a new context, but also of making possible the bringing up to date of an old thought....The remix is designed to infuse new life into the original, to enhance its influence and to preserve its idea....It is a matter not of saving the authenticity, but instead of the creation of a new authenticity." Ulf Poschardt, *DJ Culture – Discjockeys und Populärkultur* (DJ Culture – Disc Jockeys and Popular Culture), Hamburg, 1997, p. 35.

Thought for the day — Morgenandacht

John Quin

God show me the way because the Devil's trying to break me down
Kanye West

Brighton, England, Mai 2006. Der berühmte Provokateur und Polemiker Christopher Hitchens ist auf der Bühne und hält den Thomas-Paine-Vortrag zu Ehren des großen Säkularisten des achtzehnten Jahrhunderts und der Inspiration der amerikanischen und französischen Revolutionen.[1] Trotz Hitchens' robuster Verteidigung des Mannes und seiner rationalistischen Ideen, will das Publikum, als die Gelegenheit zu Fragen besteht, scheinbar nur über Religion sprechen. Seit dem Anschlag am 11. September haben alle den Zusammenstoß der Zivilisationen im Kopf. Mir wird klar, dass ein wirklich zeitgenössischer Künstler, der relevant sein will, versuchen wird, sich mit dem umstrittenen Thema des geistlichen Glaubens auseinanderzusetzen. Sie könnten seine Herausforderungen und seine Fortdauer untersuchen und beleuchten, was diese alten biblischen Geschichten für uns heute bedeuten können. Chris Ofili ist einer der wenigen Mutigen, der sich in seiner Arbeit offen mit diesem Thema befasst hat.

Mit einer scheinbar direkten Frage — „Was halten Sie von dem Begriff ‚Islamophobie', Mr. Hitchens?" — geht die Diskussion los. Schnell sind wir bei der Macht des fundamentalistischen Christentums in den USA, und später wird die Diskussion unter andere umstrittene Themen wie zum Beispiel radikales zionistisches Denken in Israel und die jüngsten extremen Statements von Osama bin Laden einschließen. Es ist bemerkenswert, dass Hitchens über die fanatische islamische Ansicht, es gäbe nichts Neues zu sagen, was ihre Religion anginge, dass Debatten unnötig seien, dass gegensätzliche Meinungen abgetan werden sollten, dass jeder Versuch, die Geschichte neu zu erzählen, jede Neuinterpretation automatisch hinfällig sei, besonders wütend zu sein scheint.

Und im Publikum sitze ich und höre von irgendwoher in meinem Kopf ein paar Melodien von einer skandalösen CD, die es wagt, Kanye West mit dem Beach Boys-Klassiker *Pet Sounds* zu vermischen. Krachende Hip-Hop-Beats begleiten sexy Raps über Trainingsbänder für Mädchen, wo den Damen gesagt wird, wenn sie die Instruktionen genau befolgen würden, könnten sie sich vielleicht sogar einen Typen mit Auto angeln. Das wär doch was! Gemacht als Reaktion auf einige herablassende Kommentare, die Brian Wilson kürzlich über Rap-Musik abgegeben hat, ist das Album *West Sounds* vom enigmatischen Lush Life eine streitlustige Verteidigung des Rechts eines Künstlers, ästhetisch in Frage zu stellen, was als heilig gilt, das Recht, als häretisch angesehen zu werden, das Recht, noch mal hinzuschauen und, wenn man so will als Erweiterung, zu remixen. Und, bei Gott, es funktioniert auch, in dieser neuen Fassung wird Kanyes „Jesus Walks" zusammengebracht mit dem von den Wilson Brothers in dichter Harmonie gesungenen „You still believe in me". Brians schmerzvoller Ausruf am Ende, „Oh Caroline, no" klingt in diesem Zusammenhang noch verzweifelter. Chris Ofilis Ansatz in der Malerei harmoniert mit dieser lebhaften neuen Version, und seine Einstellung, Kultur zu samplen, ist in dem üppigen Leben reflektiert, das in seinen neuen blauen und silbernen Arbeiten dargestellt wird.

Religion ist zurück in den Nachrichten, und zwar auf eine Weise, die die Giganten des späten neunzehnten Jahrhunderts wie zum Beispiel Nietzsche, der verkündet hatte, Gott sei tot, sehr verwundert hätte. Die Allgegenwärtigkeit von Dan Browns Roman *Sakrileg* und der Film, der gerade herausgekommen ist, beweisen dies. Wenn ich heutzutage meiner Frau sage, dass ich in den Buchladen gehe, sage ich, ich schlendere nur mal schnell zu Dan Brown, um ein wenig herumzustöbern. Wenn man da ist, wird man reihenweise mit *Sakrileg*-Produkten konfrontiert: Führer, Atlanten und neue Bibelkommentare, selbst (Jesus weinte!) das lange verlorene und neu übersetzte Testament des Judas scheint ein Bestseller zu sein.[2] Sogar die jüngste Ausgabe der britischen Literaturzeitschrift *Granta*, immer ein guter Barometer des aktuellen Geschmacks, trägt den Titel „God's Own Countries" und widmet sich dem Fortdauern des geistlichen Glaubens in der ganzen Welt.[3]

Religion ist schon lange eines der Themen von Chris Ofili in seiner Malerei. Allerdings wurde die Religion in der Kunst in letzter Zeit etwas vernachlässigt. Man schaue nur einmal in den umfangreichen Index des schwergewichtigen Wälzers *Art Since 1900*[4]. Über den Phallogozentrismus gibt es einiges, aber unter Religion findet man gar nichts, als ob dies kein Anliegen der Künstler des zwanzigsten Jahrhunderts wäre. Die Religion wurde in der Kunst grell und etwas angeberisch behandelt, wie bei einigen Darstellungen der Stationen des Kreuzwegs und des Gottessohns. Ian Jack, Redakteur des Granta, meinte über letztere, sie „wären gotteslästerlich, wenn die Zweifel des Klerus' und die Apathie der Öffentlichkeit nicht schon so viel der christlichen Macht und des Dogmas zernagt hätten". Der Ansatz eines anderen Künstlers könnte es sein, solche auf Konfrontation setzende, spöttische Bilder als zu didaktisch oder sogar als zu ereifernd und geschwollen ablehnen. Angesichts der Schwierigkeiten mit dem Glauben könnte es ein Künstler vorziehen, sich der Religion auf eine widersprüchlichere Art zu nähern, bei der der Zweifel allgegenwärtig ist, wo man immer wieder geprüft wird.

Zwei von Chris Ofilis neuen Werken stellen die frühen Heiligen Hieronymus und Luzius dar. Warum diese beiden hervorheben, und was haben sie gemeinsam? Beide haben eine wichtige Rolle in der Übersetzung der frühen Testamente gespielt. Indem die Texte aus zum Beispiel dem Griechischen ins Koptische und dann ins Lateinische übersetzt wurden, wurden die Worte interpretiert. Daraus folgte, dass viele der frühen Übersetzer mit potentiellen Vorwürfen der Häresie konfrontiert wurden. St. Luzius war Syrier, der Sohn wohlhabender Eltern, und dementsprechend wird er in *Saint Lucian Blue* (2006) als eine Art Dandy oder Geck dargestellt; seine Kleidung erinnert an Max Beerbohms Karikaturen von Wilde. Hinter Luzius ist die ewige sexy Verführerin, die er abweisen wird, um dann, nachdem er sein ganzes Geld verschenkt hatte, als Einsiedler zu leben. Die Versuchung quält ebenso den Heiligen Hieronymus, den dalmatinischen Asketen, der in der Wüste lebte. Der Teufel versuchte wirklich, sie beide zu brechen. Hieronymus schrieb: „Ich habe mir oft vorgestellt, wie ich dem Tanz römischer Jungfrauen zuschaute. Ich schäme mich nicht, von meinen Versuchungen zu berichten." Hieronymus wurde von Dürer, Caravaggio und Lorenzo Monaco gemalt, oft wird er mit einem Löwen dargestellt, dem er der Legende zufolge einen Dorn aus der Tatze gezogen hatte. In *Study in Silver and Blue (Saint Jerome)* (2006) scheint er ein nackter, langhaariger Einsiedler zu sein. Indem er diese frühen Heiligen malt, macht Ofili seine eigenen spekulativen Interpretationen der biblischen Geschichten deutlich, seine eigene unterschiedliche Betonung, mit einer Konzentration auf die Versuchung und den beständigen Kampf, ihr zu widerstehen oder nachzugeben. Nach den paradiesischen Themen seiner ersten Blue Rider-Ausstellung in Berlin erweitert er nun seine Indigostimmung, um den Erzmissetäter Judas auch mit einzuschließen.

Bei Ofili gibt Judas seine *Thirty Pieces of Silver* für eine Frau aus, eine Salome-ähnliche verschleierte Figur, die zu den Klängen tanzt, die die Musiker hinter ihr spielen. Judas, der mit einem Kuss verraten hatte, muss nun für seine Küsse bezahlen. Diese Arbeit erscheint zu einer Zeit, als National Geographic mitgeholfen hat, ein Dokument zu publizieren, von dem behauptet wird, es würde Judas' Seite der Geschichte wiedergeben. In dem neu publizierten „Testament" soll Judas sich als Jesus' loyalster Jünger erweisen. In einem Text im *New York Review of Books* beschreiben die Rezensenten des Testaments, Townsend, Iricinschi and Jennot, Spezialisten für koptische Schriften in Princeton, Judas' Handeln als „einen schrecklichen aber unvermeidlichen Akt des Verrats".[5] Dann interpretieren sie den Text als unter anderem eine Kritik der Billigung des Märtyrertums durch die frühen Bischöfe. Sie sehen den unbekannten ursprünglichen Autor als jemanden, der Märtyrertum als sinnloses Opfer betrachtet, und sie weisen darauf hin, dass damals die Frage des Märtyrertums kontrovers war, genau wie heute, in unserem Zeitalter der Selbstmordattentäter. Ofili könnte mit diesen neuen Heiligenbildern auf diese vorausblickende Debatte anspielen.

Ich schreibe dies in Zürich, einem der Epizentren des Calvinismus, und werde dabei an meine Heimatstadt Glasgow und die dortigen zutiefst entzweienden konfessionsgebundenen Auseinandersetzungen erinnert. Erst letzte Woche habe ich einen Blues für die Blues gehört. Rangers F.C. wurde von der UEFA[6] (die ihren Sitz übrigens hier in der Schweiz hat) mit einer Strafe von mehreren tausend Pfund belegt, weil ihre Fans bigotte Hasslieder gegen Katholiken gesungen haben. Es wurde berichtet, der Club habe die Entscheidung angenommen und werde sie nicht anfechten. Sie waren allerdings von dem Urteil „enttäuscht". Selbst in der friedlichen Schweiz kann man nicht der Bigotterie und Intoleranz der Heimat entfliehen.

Ulrich Zwingli hat hier die Reformation gepredigt, im Großmünster, das dann bald aller seiner Ausstattung und Ausschmückung entledigt wurde und heute fast ganz schmucklos ist. Im Gegensatz zum Fraumünster, dessen Chor durch die bunten Glasfenster von Marc Chagall erleuchtet wird, wo Jakobs Visionen in leuchtenden Blautönen dargestellt werden, ein Vorgänger von Chris Ofilis neuen Bildern. Chagall hat sich zutiefst mit der jüdischen Geschichte und der Bibel identifiziert. Beiden ist eine fluide Leichtigkeit bei der Linienführung gemein, und ein Interesse für das Erzählen, aber Ofili vermeidet die Tendenz zu süßlichem Kitsch, die einige von Chagalls späteren Arbeiten aufweisen. Religiöse Kunst ist keine ausgeschöpfte Gattung, und Ofili zeigt, dass man zu alten Geschichten, wie auch zu geliebter Musik, zurückkehren und sie remixen und erneuern kann.

Anmerkungen

Der englische Titel dieses Textes bezieht sich auf die tägliche religiöse Sendung im Nachrichtenprogramm „Today" von BBC Radio 4; die deutsche Übersetzung bezieht sich auf das Äquivalent beim Deutschlandfunk.

1 Christopher Hitchens' Buch über Paine erscheint im Juli 2006.
2 The Gospel of Judas from Codex Tchacos edited by Rodolphe Kasser, Marvin Meyer, and Gregory Wurst, National Geographic, 185 Seiten.
3 Granta 93 „God's Own Countries". Spring 2006.
4 Art Since 1900, Hal Foster, Rosalind Krauss, Yve-Alain Bois, Benjamin H.D. Buchloh. Thames and Hudson, 2005.
5 New York Review of Books, 8. Juni 2006, S. 32-37.
6 Union of European Football Associations.

Thought for the day

John Quin

God show me the way because the Devil's trying to break me down
Kanye West

Brighton, England, May 2006. The top provocateur and polemicist Christopher Hitchens is on stage giving the Thomas Paine lecture in honour of the great eighteenth century secularist and inspiration behind the American and French revolutions[1]. Despite Hitchens' robust defence of the man and his rationalist ideas, when it comes to question time all the audience seem to want to talk about is religion. The clash of civilizations, the godless West versus a resurgent Islam, is on everyone's mind after 9/11. It dawns on me that a truly contemporary artist who claims relevancy will try to deal with the contentious matter of spiritual faith. They might examine its challenges and persistence and what those old Biblical stories can mean for us now. Chris Ofili is one of the brave few who has overtly dealt with this theme in his output.

The seemingly straightforward query — '*What do you think of the term "Islamophobia" Mr. Hitchens?*' — kicks the session off. Soon we are on to the power of fundamentalist Christianity in the U.S. and later the discussion will, amongst other tendentious zones, incorporate radical Zionist thinking in Israel and the latest extreme statements by Osama Bin Laden. It is noteworthy that Hitchens seems particularly incensed by the fanatical Islamic view that there is nothing new to be said as far as their religion is concerned, that debate is unnecessary, that contrarian views should be dismissed and that any attempt at retelling the story, any reinterpretation, is automatically invalid.

And sitting in the audience from somewhere I hear in my head some tunes from an outrageous CD that dares to mash up Kanye West with the Beach Boys classic *Pet Sounds*. Crashing hip hop beats accompany raunchy raps about work out tapes for girls where the ladies are told that if they follow the instructions exactly they might even pull a dude with a car. Now wouldn't that be nice. Made in response to some disparaging comments Brian Wilson recently made about rap music, the album *West Sounds* by the enigmatic Lush Life is a combatative defence of an artist's right to aesthetically challenge what is held holy, the right to be perceived as heretical, the right to look again and, by extension if you like, to remix. And, by God, it works too, in this new setting Kanye's 'Jesus Walks' is paired with the Wilson brothers close harmonies singing 'You still believe in me'. Brian's pained final cry of 'Oh Caroline, no' possesses a more despairing poignancy in this context. Chris Ofili's approach to painting chimes with this vivid reimagining and his sampling attitude to culture is reflected in the lush life depicted in his new blue and silver works.

Religion is back in the news in a way that would have amazed the late nineteenth century giants like Nietzsche who claimed God was dead. The ubiquity of Dan Brown's novel *The Da Vinci Code* and the movie currently on release prove this. When I tell my wife I'm off to the bookshop these days I say I'm just popping out to Dan Brown's for a browse. Once there you are faced with row upon row of *Da Vinci Code* products, guides, atlases and new biblical commentaries, even (Jesus wept!) the long lost and newly translated Gospel of Judas appears to be a bestseller[2]. Even the latest edition of the U.K. literary magazine *Granta*, always a good barometer of taste, is entitled 'God's Own Countries' and tackles the persistence of spiritual belief around the globe[3].

Religion has long been one of Chris Ofili's themes in his painting. Religion in art though has been somewhat neglected of late. Check out the comprehensive index to the heavyweight tome *Art Since 1900*[4]. There is plenty on phallogocentrism but you will find nothing under religion at all, as if it were not the concern of twentieth century artists. Religion has been treated with deliberate showmanship as in some recent depictions of the Stations of the Cross, or even more provocatively with images suggesting the Son of God. Commenting on the latter Ian Jack, editor of *Granta*, has said they 'would have been sacrilegious if clerical doubt and public apathy hadn't gnawed away at so much Christian power and dogma'. Another artist's approach might be to reject such confrontational, mocking imagery as being too didactic or even ranting in character. Given the difficulties with faith an artist may prefer to approach religion in a more conflicted manner, one where doubt is omnipresent, where one is being forever tested.

Two of Chris Ofili's new works depict the early saints, Jerome and Lucian. Why highlight these two and what do they have in common? They were both instrumental in the translation of the early gospels. In changing texts from say Hebrew to Greek, to Coptic to Latin the words are thus reinterpreted. As a result many of these early translators had to face the potential accusation of heresy. Saint Lucian was a Syrian and was born to wealthy parents and is thus depicted in *Saint Lucian Blue*, 2006 as something of a dandy, a fop, his clothes call to mind Max Beerbohm's caricatures of Wilde. Behind Lucian there is the eternal sexy temptress that he will reject and then live as a hermit after giving away his money. Temptation likewise torments Saint Jerome, the Dalmatian ascetic who lived in the desert. The devil really was trying to break them both down. He wrote 'I many times imagined myself witnessing the dancing of Roman maidens. I am not ashamed to disclose my temptations'. Jerome has been the subject of Dürer, Caravaggio and Lorenzo Monaco and is often painted with a lion, whom legend has it he removed a thorn from its paw. In *Study in Silver and Blue (Saint Jerome)*, 2006, he appears to be a naked, longhaired hermit. By painting these early saints Ofili is making explicit his own speculative interpretations of the biblical stories, his own different emphasis, honing in on temptation and the perennial battle to resist or give in. Moving on from the Edenic themes of the first Blue Rider show in Berlin he now extends his mood indigo to include the arch transgressor Judas.

Ofili has Judas spending his *Thirty Pieces of Silver* on a woman, a Salomé-like veiled presence dancing to the sounds played by the musicians behind her. Judas who has betrayed with a kiss now has to pay for his kisses. This work appears at a time when National Geographic have helped publish what is thought to be a document purporting to give Judas' side of the story. In the newly published 'gospel' Judas is said to be transformed into Jesus' most loyal disciple. Writing in the *New York Review of Books* the reviewers of the gospel - Townsend, Iricinschi and Jennot - specialists in Coptic texts at Princeton, describe Judas' action as a 'heinous yet indispensable act of betrayal'[5]. They go on though to interpret the text as, in part, a criticism of the early bishops' endorsement of martyrdom. They consider the original unknown author to view martyrdom as a vain sacrifice and they point out that martyrdom was a controversial issue at the time, just as it is today in our age of suicide bombers. Ofili may be alluding to this prescient debate in these current saint paintings.

I'm writing this in Zurich and it being one of the epicentres of Calvinism I'm reminded of my home town of Glasgow and its deeply divisive sectarian hatreds. Only last week I heard a blues for the Blues. Rangers F.C. were fined thousands of pounds by UEFA[6], incidentally based here in the Switzerland, for their fans singing songs of bigoted hatred against Catholics. The club were reported to be resigned to the outcome and were not challenging the decision. They were however 'disappointed' in the verdict. Even in peaceful Switzerland it proves impossible to escape the bigotry and intolerance of one's homeland.

Ulrich Zwingli preached the Reformation here, from the Grossmünster, which was soon stripped of its furnishings and decoration so that now it is almost totally bare. In contrast the Fraumünster across the Limmat has a presbytery lit with stained-glass windows by Marc Chagall where the visions of Jacob are depicted in luminous blues, a precursor of Chris Ofili's new images. Chagall had a deep identification with Jewish history and the bible. Both share a fluid facility with line and an interest in narrative but Ofili avoids the tendency to cloying kitsch that some of Chagall's later works display. Religious art is not an exhausted genre and Ofili shows that old tales like much loved music can be revisited, remixed and renewed.

Notes

The title of this piece refers to the daily religious slot on BBC Radio 4's news programme 'Today'.

1 Christopher Hitchens' book on Paine is published in July 2006.
2 The Gospel of Judas from Codex Tchacos edited by Rodolphe Kasser, Marvin Meyer, and Gregory Wurst, National Geographic, 185pp.
3 Granta 93 God's Own Countries, Spring 2006.
4 Art Since 1900: Hal Foster, Rosalind Krauss, Yve-Alain Bois, and Benjamin H.D. Buchloh, Thames and Hudson.
5 New York Review of Books, June 8 2006, pp 32-37.
6 Union of European Football Associations.

"Die Herren Franz Marc und Wassily Kandinsky haften gesamtverbindlich für die Deckung der Kosten"

Bazon Brock

Soviel zum legendären Katalog *Der Blaue Reiter* im Vertragsentwurf des Verlegers Piper in München vom 28. November 1911. Mitte Mai 1912 wird der Almanach ausgeliefert. Die Ausstellung mit dem gleichen Titel hatte für kümmerliche drei Wochen von Mitte Dezember 1911 bis Anfang Januar 1912 stattgefunden. Der Almanach "umfaßt die neuste malerische Bewegung in Frankreich, Deutschland und Russland und zeigt ihre feinen Verbindungsfäden mit der Gotik und den Primitiven, mit Afrika und dem großen Orient, mit der so ausdrucksstarken, ursprünglichen Volkskunst und Kinderkunst, besonders mit der modernsten musikalischen Bewegung in Europa und mit den neuen Bühnenideen unserer Zeit", das schrieb Franz Marc zum Redaktionsprogramm des *Blauen Reiter*, den Kandinsky für die Titelseite des Almanachs auch tatsächlich illustrierte – einerseits in der schönen Naivität, mit der Chagall seine fliegenden Rösser aufwärts galoppieren ließ, andererseits als ritterlich kostümierter Tod, der den apokalyptischen Gaul heimwärts lenkt.

Warum *Blauer Reiter*? "Beide liebten wir blau, er Pferde, ich Reiter.", behauptet Kandinsky und nennt als Stunde der gemeinsamen Verabschiedung des Logos für Himmelsreiterei einen Nachmittag am Kaffeetisch der Gartenlaube von Franz und Maria Marc in Sindelsdorf Anfang September 1911. In seinen fabelhaften Selbstverklärungsrückblicken von 1930 gibt Kandinsky für die Wahl der Farben Blau und Rot deren Vorliebe bei den Primitiven an, die auch im christlichen Europa, vor allem in dessen orthodoxen Religionen, für das Verhältnis von Geist und Körper stehen. Das Blau des Himmels, also des Gottes- und Geistesreichs, war schon durch das Blau der Schutzmantelmadonna zum Bildbegriff geworden; und das Rot sprudelte als der besondere Saft, der Körper lebendig erhält. Die Kombination von Himmelsblau und Lebenssaft hatten vorher die Aristokraten im Begriff des *Blauen Blutes* erreicht, auch wenn der Ursprung dafür aus dem Blutgefäßschimmer durch milchseidene Hofdamenhaut abgeleitet zu werden pflegt. Marc und Kandinsky wollten aber in den Farben Blau und Rot eben jene Verbindungsfäden "zu den Primitiven" repräsentiert sehen, die von Madame Blavatsky, der Inspirationsmuse von Rudolf Steiner, "zwischen uns und diesen Primitiven geknüpft wurden". Da mußte der neue Geistesadels, der Gottsucher und Religionsstifter in Wahnmoching, das ist Schwabing, unbedingt mithalten, denn "unsere Zeit sucht wieder ihren Gott" wie Kandinsky verkündete und das nicht nur als Lebensfest und Faschingsseeligkeit, sondern mit dem Nachdruck gewaltbereiter Selbstaufopferung. Dazu brauchte man nur weihnachtliche Gemütsstimmungen der Kindheit für Kennzeichnung des wilhelminischen oder georgischen Weltentags unter dem Swastikazeichen heranziehen. Denn im Weihnachtslied hatte man die *himmlischen Heerscharen* besungen, deren wahrhafte Rolle sofort klar wird, wenn man sie ins Kirchenlateinische zurück übersetzt; dann sind sie wieder *militia coelestis*, also jene gewaltbereiten Truppen, mit denen viele Wahnmochinger wie Stefan George das Heil der kommenden Welt zu erzwingen bereit waren. Die *Blauen Reiter* waren also Himmelsreiter des Heils, eine Art Heilsarmee; den Erlösungskämpfern lieferte ihr Almanach für diesen Anspruch die Legitimationen. Die wirkungsvollste dieser Legitimation bezogen sie aus der mittelalterlichen Ausmalung der Heilsdynamik: Das Dritte Reich werde anbrechen als das Reich der Herrschaft des Geistes, so gibt Kandinsky den Joachim von Fiore wieder, der im Jahre 1190 den Begriff *Drittes Reich* prägte, um die christliche Trinität auch in der Struktur des Übergangs vom Alten Testament zum Neuen Testament, also vom Reich des Vaters zum Reich des Sohnes oder von der Herrschaft des Gesetzes zur Kraft der Gnade in die Zukunft hinein fortzuschreiben; dem Reich des Vaters war das Reich des Sohnes gefolgt, das ins Reich des Geistes übergehen mußte, wenn Begriff und Vorstellung der Trinität Geltung behalten sollten.

So wurden die Blauen Himmelsreiter von einer windsbräutlichen Geisterschar zu blutvollen Geisteskämpfern, zur Pretorianergarde oder Schutztruppe der Weltseele. Diese Art Rittertum hatte Kandinsky von Kindesbeinen an in Russland mit sich herumgetragen und in zahlreichen frühen künstlerischen Darstellungsversuchen präsentiert. Als *Blauer Reiter* konnte er sich endlich diesen Kindertraum, Weltenreiter als Weltenretter zu sein, erfüllen, um den Geist des Christentums wie die Spiritualität des Ostens vor der materialistischen Zerstörung zu bewahren. Solche Bewahrungskraft besaßen die Künste, die Marc im *Blauen Reiter*-Projekt kooperieren lassen wollte (bei Wagners Gesamtkunstwerkskonzept waren ja Afrika und der Osten, die Primitiven und die Kinder, die Naturkinder und die Lebensreformer vom Wahrheitsberge noch nicht integriert). So konnte die Kunstgeschichte zur Geistesgeschichte werden und zum Träger der dritten Offenbarung, eben des trinitärischen Geistes.

Aber schon Zeitgenossen hielten diese hochfahrenden Meisterhandfuchteleien für den Ausweis jenes Zustands des spirituellen Blauseins, in den jeder gerät, der sich zuviel Spirituosen zumutet. Die Münchener Kabarettisten sahen sich die Krone des *Blauen Reiters* auf Kandinskys Titelbild noch einmal genauer an und fanden tatsächlich, der Kerl habe einen zuviel in der Krone, er sei nicht mehr sozialverkehrsfähig. Man deutete das Titelbild als Versuch der Ernüchterung an der frischen Bergluft. Deren sphärisches Blau war aber alles andere als erholsam. Es bildete den Erscheinungsraum himmlischer Milizen ganz neuer Art. Rote und Blaue Barone der Aviatik eroberten den Gottes-und Geistesraum und jauchzten durch Wunder der Technik sich selber Ehre. Begeistert folgten viele wie Franz Marc diesen Selbsterhöhungsversprechen, dessen Triumph der Heldentod nach Stefan Georges Rezept war:

Auch ich will einst vor meinem tode
mich schwingen auf zu deinen höhen
und will dir meine reine seele
dann wieder geben wie du sie mir gabst.

"Messrs. Franz Marc and Wassily Kandinsky are severally liable for covering costs"

Bazon Brock

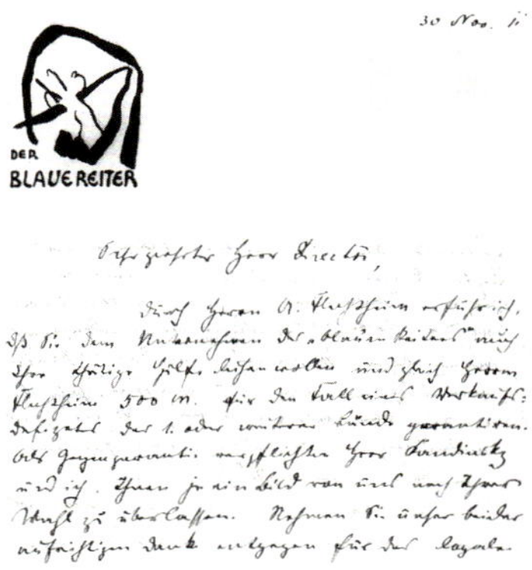

The quote above appeared in the draft contract of Munich publisher, Piper, dated 28 November 1911, for the legendary catalogue *The Blue Rider*. In mid-May 1912 the almanac was delivered to the shops. An exhibition with the same title had taken place for a lousy three weeks from mid-December 1911 to the beginning of January 1912. The almanac "comprises the latest painterly movement in France, Germany and Moscow and shows its fine connecting threads with Gothic art and primitive art, with Africa and the great Orient, with highly expressive, original folk art and children's art, and especially with the most modern musical movement in Europe and the new ideas for the stage of our times," wrote Franz Marc on the editorial programme of *The Blue Rider,* Kandinsky actually illustrated Marc's words for the almanac's title page: on the one hand, with the beautiful naivety with which Chagall allows his flying steeds to gallop upward; on the other hand, as death in the costume of a knight who guides the apocalyptic nag homeward.

Why *The Blue Rider*? "We both loved blue; Marc loved horses, I loved riders," asserted Kandinsky and specified the hour that this joint decision on a sky-riding logo was taken during an afternoon drinking coffee in the summer house of Franz and Maria Marc in Sindelsdorf at the beginning of September 1911. In his fabulously self-transfiguring retrospective views in 1930, Kandinsky indicated that the colours blue and red were selected for the partiality they enjoyed among primitive peoples and those in Christian Europe, for whom they represented spirit and body. The blue of the sky, and thus of the realm of God and spirit, had already become a symbol through the blue of the Madonna's mantle; and the red bubbled as the special wine that kept the body alive. Sky blue and vital wine had previously been combined by the aristocrats in their reference to 'blue blood', even though the term is derived from the blue shimmer of blood vessels seen through the milky, silky skin of courtly damsels. Marc and Kandinsky, however, wanted to see those "connecting threads", represented by the colours blue and red which "have been woven between us and these primitive peoples," according to Madame Blavatsky, Rudolf Steiner's muse. The new spiritual aristocracy, the seekers of God and founders of religion in Wahnmoching — Schwabing in Munich — had to keep up without fail because "our times are again seeking their God," as Kandinsky proclaimed, not only as a festival of life and the merriness of carnival, but with the insistence of self-sacrifice and possibly violence. To understand this, consider the

Christmas atmosphere for children under the sign of the Swastika, for the characterization of the Wilhelminian and Georgian doomsday. In the Christmas song they sung the praises of the "heavenly hosts", whose true role immediately becomes clear when translated back into church Latin. Then, they are once again *militia coelestis* those battle-ready troops with whom many residents of Wahnmoching such as Stefan George, were prepared to ensure by force the salvation of the future world. The Blue Riders were thus sky-riders of salvation, a sort of Salvation Army, a pretension made legitimate by their almanac. They drew their most effective argument from the medieval depiction of the dynamics of salvation: The Third Reich will dawn as the Reich of the rule of spirit is the way Kandinsky paraphrased Joachim von Fiore who, in 1190, coined the notion of the Third Reich. Von Fiore saw it as a way to create a continuity of the Christian Trinity with its structure of the transition from the Old Testament to the New Testament, that is, from the realm of the Father to the realm of the Son, or from the rule of the Law to the force of Mercy. The realm of the Father was followed by the realm of the Son, which had to pass into the realm of the Spirit if the concept and idea of the Trinity was to maintain its validity.

Thus, the Blue Sky-Riders were transformed from a whirlwind-like host of spirits into full-blooded spiritual fighters, into the *praetoria cohors* or body-guards of the world soul. From early childhood in Russia, Kandinsky had carried within him this kind of chivalry and had portrayed it in numerous early attempts at artistic representation. As a Blue Rider he could finally fulfill this childhood dream of being a worldrider, a world saviour to preserve the spirit of Christianity as the spirituality of the Orient against materialist destruction. The arts as a whole possessed such powers of preservation that Marc wanted to allow them to collaborate in the Blue Rider project (in Wagner's conception of the total art work, Africa and the Orient, the primitive peoples and children, the children of nature and the reformers of the way of life from the mountain of truth had not yet been integrated). In this way, the history of art could become the history of spirit and the bearer of the Third Revelation, that is, of the Trinitarian spirit.

But, contemporaries already regarded these overbearing wavings of the master's hand as proof of that state of spiritual intoxication in which anyone who imbibes too much spirits ends up. The revue performers in Munich looked closely at the head of the Blue Rider in Kandinsky's title illustration and found that the fellow had drunk a drop too much and was no longer capable of social intercourse. They interpreted the title illustration as an attempt to sober up in the fresh mountain air. Its spherical blue, however, was anything but invigorating. It formed the space for heavenly militia of a completely new kind. Red and blue barons of aviation conquered the space of God and spirit and shouted for joy, honouring themselves through the marvels of technology. Enthusiastically, many, like Franz Marc, followed these promises of self-elevation, whose triumph was a hero's death according to Stefan George's recipe:

I too one day before my death
want to swing myself up to your heights
and then give you back my pure soul
like you once gave it to me.

Werke Works

p. 16, 19, 21, 27
Blue Moon 2005
Bronze
205 x 120 x 166 cm / $80^{3}/_{4}$ x $47^{1}/_{4}$ x $65^{1}/_{4}$ inches
Sammlung Sander

p. 17, 23, 25, 26
Silver Moon 2005
Nickelsilber
Nickel silver
201 x 137 x 175 cm / $79^{1}/_{4}$ x 54 x 69 inches
Sammlung Sander

p. 29
Half Moon (Blue) 2005
Bronze
39 x 24 x 30 cm / 15½ x $9^{1}/_{2}$ x $11^{3}/_{4}$ inches

p. 31
Half Moon (Silver) 2005
Nickelsilber
Nickel silver
39,5 x 18 x 24,7 cm / $15^{1}/_{2}$ x 7 x 10 inches

p. 33
Bound and Gagged (Blue) 2005
Bronze
58,5 x 34 x 41 cm / 23 x $13^{1}/_{2}$ x $16^{1}/_{8}$ inches

p. 35
Bound and Gagged (Silver) 2005
Nickelsilber
Nickel silver
58,5 x 34 x 41 cm / 23 x $13^{1}/_{2}$ x $16^{1}/_{8}$ inches

p. 39
Cherchez la femme Calypso and Odysseus 2004
Gouache, Tinte, Filzstift, Ölkreide und Blattsilber auf Papier
Gouache, ink, felt-tip-pen, oil crayon and silver leaf on paper
199 x 130 cm / $78^{1}/_{4}$ x 51 inches
Collection David Teiger

p. 41
Blue Sparrow 2005
Kohle, Gouache, Tinte and Blattaluminium auf Papier
Charcoal, gouache, ink and aluminium leaf on paper
198,5 x 130 cm / 78 x $51^{1}/_{4}$ inches

p. 44
Two Blues One 2005
Kohle und Pastell auf Papier
Charcoal and pastel on paper
51,7 x 35,4 cm / $20^{1}/_{2}$ x 14 inches

p. 45
Two Blues Two 2005
Gouache und Blattsilber auf Papier
Gouache and silver leaf on paper
48,2 x 31,8 cm / 19 x $12^{1}/_{2}$ inches

p. 47
Two Blues Three 2005
Gouache, Tinte, Kohle und Blattaluminium auf Papier
Gouache, ink, charcoal and aluminium leaf on paper
196,4 x 99,6 cm / $77^{1}/_{4}$ x $39^{1}/_{4}$ inches
Gail and Stanley Hollander Collection

p. 48
Searchers 2005
Kohle und Pastell auf Papier
Charcoal and pastel on paper
48,5 x 32,2 cm / $24^{3}/_{4}$ x $14^{1}/_{2}$ inches

p. 49
Cutlass 2005
Kohle und Pastell auf Papier
Charcoal and pastel on paper
63 x 37 cm / 19 x $12^{3}/_{4}$ inches

p. 51
Blind Leading Blind 2005
Gouache, Tinte, Kohle und Blattaluminium auf Papier
Gouache, ink, charcoal and aluminium leaf on paper
261,2 x 199,4 cm / $102^{3}/_{4}$ x $78^{1}/_{2}$ inches

p. 53
Charmant Five 2005
Gouache, Alufolie, Silberspray und Pastell auf Papier
Gouache, aluminium foil, silverspray and pastel on paper
62,9 x 42,6 cm / $24^{3}/_{4}$ x $16^{3}/_{4}$ inches

p. 54-55
Blue Damascus (diptych) 2004-2005
Kohle, Gouache, Tinte und Blattaluminium auf Papier
Charcoal, gouache, ink and aluminium leaf on paper
je 198,5 x 130 cm / each 78 x 51 inches
The Dakis Joannou Collection Foundation, Athens

p. 56
Egyptian Blue 2005
Kohle und Pastell auf Papier
Charcoal and pastel on paper
63,6 x 48,9 cm / 25 x $19^{1}/_{4}$ inches

p. 59
Charmant Two 2005
Kohle, Tinte, Pastell und Blattaluminium auf Papier
Charcoal, ink, pastel and aluminium leaf on paper
63,5 x 48,5 cm / 25 x 19 inches
Collection Glenn Fuhrman, New York

p. 60
Charmant Six 2005
Kohle, Pastell und Blattaluminium auf Papier
Charcoal, pastel and aluminium leaf on paper
63,4 x 49,7 cm / 25 x $19^{1}/_{2}$ inches
Collection Glenn Fuhrman, New York

p. 63
Charmant Three 2005
Pastell, Tinte, Alufolie, Blattaluminium und Gouache auf Papier
Pastel, ink, aluminium foil, aluminium leaf and gouache on paper
48,6 x 32 cm / 19 x 12½ inches

p. 64
Charmant One 2005
Kohle, Pastell und Blattaluminium auf Papier
Charcoal, ink, pastel and aluminium leaf on paper
63,2 x 41,9 cm / 25 x 16½ inches

p. 75
Charmant Four 2005
Gouache, Tinte, Kohle und Blattaluminium auf Papier
Gouache, ink, charcoal and aluminium leaf on paper
145,7 x 63,4 cm / 57½ x 25 inches
The Oliver Family Collection, New York

p. 76
Bloos 2005
Kohle und Pastell auf Papier
Charcoal and pastel on paper
48,6 x 38,4 cm / 19 x 15 inches

p. 78-79
Siren One 2005
Aquarell auf Papier
Watercolour on paper
31,8 x 48,6 cm / 12½ x 19 inches

p. 80-81
Siren Two 2005
Kohle und Pastell auf Papier
Charcoal and pastel on paper
40,6 x 63,6 cm / 16 x 25 inches
John C. Phelan Collection

p. 83
Midnight Rainbow 2005
Kohle und Pastell auf Papier
Charcoal and pastel on paper
31,4 x 24,3 cm / 12½ x 9½ inches

p. 84-85
Siren Three 2005
Öl und Alufolie auf Papier
Oil paint and aluminium foil on paper
65,5 x 100 cm / 28¾ x 39½ inches

p. 86-87
Siren Four 2005
Kohle und Pastell auf Papier
Charcoal and pastel on paper
48,8 x 63,6 cm / 19¼ x 25 inches

p. 89
Blue Pole 2005
Kohle, Pastell und Blattaluminium auf Papier
Charcoal, pastel and aluminium leaf on paper
48 x 19 cm / 19 x 7½ inches

p. 91
Ghanaian Blue 2005
Kohle und Pastell auf Papier
Charcoal and pastel on paper
37,4 x 25,6 cm / 14¾ x 10 inches

p. 92-93
Blue Heart 2005
Kohle und Pastell auf Papier
Charcoal and pastel on paper
24,5 x 31,4 cm / 9½ x 12½ inches

p. 95
Blue Biceps 2005
Kohle und Pastell auf Papier
Charcoal and pastel on paper
48,5 x 31,5 cm / 19 x 12½ inches

p. 96
Blue Grapes 2005
Kohle und Pastell auf Papier
Charcoal and pastel on paper
48,5 x 25,4 cm / 19 x 10 inches

p. 99
Silver Nude One 2005
Kohle, Gouache, Tinte und Blattaluminium auf Papier
Charcoal, gouache, ink and aluminium leaf on paper
74,6 x 51,7 cm / 29½ x 20½ inches
Sammlung Hanno Huth

p. 100
Her Gift 2005
Kohle, Gouache, Tinte und Blattaluminium auf Papier
Charcoal, gouache, ink and aluminium leaf on paper
195 x 99 cm / 76¾ x 39 inches
Sammlung Sander

p. 101
His Gift 2005
Gouache, Tinte, Kohle und Blattaluminium auf Papier
Gouache, ink, charcoal and aluminium leaf on paper
196,8 x 99,7 cm / 77½ x 39¼ inches
Sammlung Sander

p. 103
Blue Rider 2005
Öl und Kohle auf Leinwand
Oil paint and charcoal on canvas
35,7 x 25,7 cm / 14 x 10 inches

p. 115
Two Women (Blue) 2006
Bronze
56 x 43 x 50 cm / 22 x 17 x 19¾ inches

p. 116
Reclining Silver Nude with Blue 2005 - 2006
Öl, Acryl, Sprühfarbe und Kohle auf Leinwand
Oil, acrylic, spraypaint and charcoal on canvas
30,5 x 40,5 cm / 12 x 16 inches

p. 117
Nude Study in Silver and Blue 2006
Öl und Acryl auf Leinwand
Oil and acrylic on canvas
35,5 x 25,3 cm / 14 x 10 inches

p. 118
Nude and Serpent 2005 - 2006
Öl und Acryl auf Leinwand
Oil and acrylic on canvas
40,5 x 30,5 cm / 16 x 12 inches

p.119
Damascus Nude 2006
Linolschnitt
Linocut
30,7 x 20,2 cm / 12 x 8 inches

p.121
Serpent's Path Two 2005
Kohle, Gouache, Tinte, Blattaluminium auf Papier
Charcoal, gouache, ink and aluminium leaf on paper
198,5 x 130,5 cm / 78¼ x 51½ inches
John C. Phelan Collection

p.122
Silver Kiss of the Serpent One 2005 - 2006
Öl, Acryl, Kohle und Sprühfarbe auf Leinwand
Oil, acrylic, charcoal and spraypaint on canvas
40,6 x 30,6 cm / 16 x 12 inches

p.125
Nude Study in Blue 2006
Öl auf Leinwand
Oil on canvas
50,5 x 40,5 cm / 20 x 16 inches

p.126
Charmant Seven 2005 - 2006
Öl und Acryl auf Leinwand
Oil and acrylic on canvas
50,7 x 40,3 cm / 20 x 15 ¾ inches

p.127
Charmant Nine 2006
Linolschnitt
Linocut
40,9 x 30,5 cm / 16 x 12 inches

p.128-129
Siren Six 2005 - 2006
Öl und Aluminiumfolie auf Leinwand
Oil on aluminium foil on canvas
281,5 x 195,5 cm / 110¾ x 77 inches

p.131
Dancers in Blue 2006
Öl und Kohle auf Leinwand
Oil and charcoal on canvas
40,4 x 30,5 cm / 16 x 12 inches

p.132
Thirty Pieces of Silver 2006
Öl, Acryl und Kohle auf Leinwand
Oil, acrylic and charcoal on canvas
278,4 x 200,2 cm / 109½ x 78¾ inches

p. 135
Charmant Eight 2005 - 2006
Öl, Acryl, Kohle und Aluminiumfolie auf Leinwand
Oil, acrylic, charcoal and aluminium foil on canvas
269,3 x 200,4 cm / 106 x 79 inches

p.136-137
Siren Five 2006
Gouache und Kohle auf Papier
Gouache and charcoal on paper
70 x 102,8 cm / 27½ x 40½ inches

p.139
Dancers in Blue Two 2006
Öl, Acryl und Kohle auf Leinwand
Oil, acrylic and charcoal on canvas
60,8 x 45,7 cm / 24 x 18 inches

p.140
Saint Lucian Silver Study 2006
Öl, Acryl und Kohle auf Leinwand
Oil, acrylic and charcoal on canvas
36 x 25,5 cm / 14¼ x 10 inches

p.141
Study in Silver and Blue (Saint Jerome) 2006
Öl und Acryl auf Leinwand
Oil and acrylic on canvas
60,7 x 45,7 cm / 24 x 18 inches

p.149
Saint Lucian Blue 2006
Öl, Acryl und Kohle auf Leinwand
Oil, acrylic and charcoal on canvas
278,4 x 200,2 cm / 109½ x 78¾ inches

p.150-151
Silver Night Rider One 2006
Öl, Acryl und Kohle auf Leinwand
Oil, acrylic and charcoal on canvas
45,5 x 61 cm / 18 x 24 inches

p.152-153
Night Rider in Silver and Blue One 2006
Öl, Acryl und Kohle auf Leinwand
Oil, acrylic and charcoal on canvas
76 x 101,7 cm / 30 x 40 inches

p.154
Female Night Watcher 2006
Öl, Acryl und Kohle auf Leinwand
Oil, acrylic and charcoal on canvas
60,6 x 45,6 cm / 23¾ x 18 inches

p.155
Male Night Watcher 2006
Öl, Acryl und Kohle auf Leinwand
Oil, acrylic and charcoal on canvas
60,6 x 45,6 cm / 23¾ x 18 inches

p.156-157
Blue Night Rider One 2006
Öl, Acryl und Kohle auf Leinwand
Oil, acrylic and charcoal on canvas
35 x 50 cm / 13 ¾ x 19 ¾ inches

p.159
Silver Rain 2006
Öl, Acryl und Kohle auf Leinwand
Oil, acrylic and charcoal on canvas
50,7 x 40,6 cm/ 20 x 16 inches

p.160
Reclining Nude in Silver & Blue 2006
Öl auf Leinwand
Oil on canvas
61 x 45,7 cm / 24 x 18 inches

p.163
Blue Riders Remix 2006
Acryl und Kohle auf Leinwand
Acrylic and charcoal on canvas
50,6 x 40,6 cm / 20 x 16 inches

p.164
Blue Riders Feedback 2006
Öl und Aluminiumfolie auf Papier
Oil and aluminium foil on paper
104,7 x 79,4 cm / 41¼ x 31¼ inches

p.165
Blue Riders Bass 2006
Gouache und Kohle auf Papier
Gouache and charcoal on paper
103 x 79 cm / 40½ x 31 inches

p.166
Blue Night Watcher 2006
Öl, Acryl und Kohle auf Leinwand
Oil, acrylic and charcoal on canvas
278,4 x 200,2 cm / 109½ x 78¾ inches

p.169
Blue Riders (Eye for Eye Tooth for Tooth) 2006
Leder auf Karton
Leather on cardboard
150 x 100 cm / 59 x 39 ¼ inches

p.171
Blue Riders 2006
Öl, Acryl und Kohle auf Leinwand
Oil, acrylic and charcoal on canvas
278,4 x 200,2 cm / 109½ x 78¾ inches

Chris Ofili

Biographie Biography

1968 Geboren *born* in Manchester
1987–88 Tameside College of Technology (Foundation Course)
1988–91 Chelsea School of Art, London (BA Fine Art)
1991–93 Royal College of Art, London (MA Fine Art)
Lebt und arbeitet *Lives and works*

Ausgewählte Einzelausstellungen Selected solo exhibitions

2006 *The Blue Rider Extended Remix*, **Kestnergesellschaft**, Hanover
2005 *The Upper Room*, **Tate Britain**, London
2005 *The Blue Rider*, **Contemporary Fine Arts**, Berlin
2005 *Afro Muses*, **The Studio Museum in Harlem**, New York
2003 *within reach*, British Pavilion, **50th Venice Biennale**, Venice
2002 *Freedom One Day*, **Victoria Miro Gallery**, London
2001 *Chris Ofili Watercolours*, **Gallery Side 2**, Tokyo
2000 *Chris Ofili Drawings*, **Victoria Miro Gallery**, London
1999 *Afrobiotics*, **Gavin Brown's Enterprise**, New York
1998–99 **Whitworth Art Gallery**, Manchester
1998 **Southampton City Art Gallery**, Southampton
1998 **Serpentine Gallery**, London
1997 *Pimpin ain't easy but it sure is fun*, **Contemporary Fine Arts**, Berlin
1996 *Afrodizzia*, **Victoria Miro Gallery**, London
1995 **Gavin Brown's Enterprise**, New York

Ausgewählte Gruppenausstellungen Selected group exhibitions

2006 *Prints Now*, **Victoria & Albert Museum**, London
2006 *Infinite Painting*, **Villa Manin Centro D'Arte Contemporanea**, Udine
2006 *The Compulsive Line: Etching 1900 to Now*, **Museum of Modern Art**, New York
2005–06 *After Cezanne*, **Museum of Contemporary Art**, Los Angeles
2005–06 *Revelations: Reflecting British Art in the Arts Council Collection*, **Laing Art Gallery**, Newcastle
2005–06 *Drawing from the Modern: 1975–2005*, **Museum of Modern Art**, New York
2005 *Early Work*, **David Zwirner**, New York
2005 *Translation*, **Palais de Tokyo**, Paris
2005 *Getting Emotional*, **ICA**, Boston
2005 *Contemporary Erotic Drawing*, **The Aldrich Contemporary Art Museum**, Ridgefield
2005 *Artists & Prints: Masterworks from the Museum of Modern Art*, **Museum of Modern Art**, New York
2004–05 *Faces in the Crowd, Picturing Modern Life from Manet to Today*, **Whitechapel Gallery**, London and **Castello di Rivoli, Museo d'Arte Contemporanea**, Turin
2004 *Huts*, **The Douglas Hyde Gallery**, Dublin
2004 *Monument to Now*, **The Dakis Joannou Collection, DESTE Foundation for Contemporary Art**, Athens
2004 *Seeds & Roots selections from the permanent collection*, **The Studio Museum in Harlem**, New York
2004 *Fabulism*, **Joslyn Art Museum**, Omaha
2004 *Supernova*, **SFMoMA**, San Francisco
2003–04 *Happiness: A Survival Guide For Art and Life*, **Mori Art Museum**, Tokyo
2003 *Paradise*, **National Gallery**, **Sunley Room**, London, **Laing Art Gallery**, Newcastle and **City Museum and Art Gallery**, Bristol
2002–03 *Drawing Now: Eight Propositions*, **Museum of Modern Art Qns**, New York
2002 *Cavepainting*, **Santa Monica Museum of Art**, Santa Monica
2001–02 *One Planet under a Groove: Hip Hop and Contemporary Art*, **Bronx Museum of the Arts**, New York, touring to **Walker Arts Center**, Minneapolis, **Spelman College Museum of Fine Art**, Atlanta
2001–02 *Form Follows Fiction*, **Castello di Rivoli, Museo d'Arte Contemporanea**, Turin
2001 *Public Offerings*, **Museum of Contemporary Art**, Los Angeles

2001	*Works on paper: from Acconci to Zittel,* **Victoria Miro Gallery**, London
2001	*Painting at the Edge of the World,* **Walker Arts Center**, Minneapolis
2000	*Sydney Biennial,* **Museum of Contemporary Art**, Sydney
1999	*Carnegie International,* **Carnegie Museum of Art**, Pittsburgh
1999	**6th International Istanbul Biennial**, Istanbul
1999	*Trouble Spot Painting,* **Museum voor Hedendaagse Kunst**, Antwerp
1998–99	*Turner Prize,* **Tate Gallery**, London
1997	*Sensation: Young British Artists from The Saatchi Collection,* **Royal Academy of Arts**, London and touring to **Hamburger Bahnhof**, Berlin and **Brooklyn Museum of Art**, New York
1995	*Brilliant! New Art from London,* **Walker Arts Center**, Minneapolis

Monographien Monographs

2006	*The Blue Rider Extended Remix,* **Kestnergesellschaft**, Hanover
2006	*Chris Ofili: The Upper Room,* **Tate Gallery**, London
2005	*The Blue Rider,* **Contemporary Fine Arts**, Berlin
2005	*Afro Muses 1995–2005,* **The Studio Museum in Harlem**, New York
2003	*within reach,* published on the occasion of the exhibition at the British Pavilion, **50th Venice Biennale**
2002	*The Upper Room,* **Victoria Miro Gallery**, London
2002	*Freedom One Day,* **Victoria Miro Gallery**, London
1998	*Chris Ofili,* **Southampton City Art Gallery** and **Serpentine Gallery**, London

Publikationen von Gruppenausstellungen Group publications

2006	*Prints Now: Directions and Definitions,* **Victoria & Albert Museum**, London
2006	*Infinite Painting,* **Villa Manin Centro d'Arte Contemporanea**, Udine
2006	*Potentially Harmful: The Art of American Censorship,* **Georgia State University**, Atlanta
2005	*Drawing from the Modern: 1975–2005,* **Museum of Modern Art**, New York
2005	*Translation,* **Palais de Tokyo**, Paris
2005	*Getting Emotional,* **ICA**, Boston
2005	*Contemporary Erotic Drawing,* **The Aldrich Contemporary Art Museum**, Ridgefield
2005	*Artists & Prints: Masterworks from the Museum of Modern Art,* **Museum of Modern Art**, New York
2004–05	*Faces in the Crowd (Volti nella Folla),* **Skira Editore**, **S.p.A**, Milan
2004	*Huts,* **The Douglas Hyde Gallery**, Dublin
2004	*Monument To Now* **The Dakis Joannou Collection**, **DESTE Foundation Contemporary Art**, Athens
2004	*Fabulism,* **Joslyn Art Museum**, Omaha
2003–04	*Supernova Art of the 1990'sfrom the Logan Collection,* **SFMoMA**, D.A.P. Inc., New York
2003–04	*Happiness: A Survival Guide for Art and Life* **Mori Art Museum**/Tankosha Publishing, Tokyo
2003	*Vitamin P,* **Phaidon Press**, London
2002	*Drawing Now: Eight Propositions,* **Museum of Modern Art**, New York
2002	*Cavepainting,* **Santa Monica Museum of Art**, Santa Monica

Berufungen Public Appointments

2000–05	*Trustee,* **Tate Gallery**, London

Kommissionen Commissions

2005	**Nobel Peace Center**, Oslo

Preise Awards

2004	*Honorary Fellowship,* **University of the Arts**, London
2004	**Southbank Award: Visual Arts**, London
1998	*Turner Prize,* **Tate Gallery**, London

Biographien Biographies

Louis Antwi
Louis Antwi, geboren 1990, ist ein Spoken Word Künstler aus Plaistow in East London, der 2004 bei seiner Teilnahme am jährlichen Wettbewerb London Teenage Poetry Slam erstmals Aufmerksamkeit erregte. Seitdem ist er bei Veranstaltungen in der ganzen Welt aufgetreten, unter anderem auch beim Launch von Chris Ofilis *Freeness* Projekt in London, und als einer der Hauptperformer in Chicago als Teil von Malika's Poetry Kitchen Show in den USA. Er ist Mitglied des Alphabet Soup Poetry Collective in East London und arbeitet bei verschiedenen Spoken Word Veranstaltungen eng mit dem Blacktronica-Gründer Charlie Dark zusammen.

Bazon Brock
Bazon Brock, geb. 1936, Ausbildung und Tätigkeit als Dramaturg; ab 1957 erste Aktionslehrstücke; ab 1968 Besucherschulen auf der *documenta* in Kassel; 1965–1976 Lehrtätigkeit im Fach Ästhetik HbK Hamburg, 1977–1980 an der Hochschule für Angewandte Kunst in Wien, seit 1980 an der BUGH Wuppertal; aktuellste Publikation *Der Barbar als Kulturheld*, DuMont Köln 2002.

Carolina Grau
Geboren 1969 in Barcelona. Lebt und arbeitet in London. Freie Kuratorin und Mitbegründerin der Biennale von Jafre in Gironda (Spanien).

John Quin
John Quin ist 1961 in Glasgow, Schottland, geboren. Er ist praktizierender Arzt, spezialisiert auf Diabetes und Endokrinologie. Er schreibt über Kunst und Literatur, unter anderem für *The Guardian*, das *British Medical Journal*, *Lancet*, die Zeitschrift *contemporary*, und *Zembla*.

Greg Tate
Zu Greg Tates Büchern gehören *Flyboy in the Buttermilk*, *Midnight Lightning: Jimi Hendrix and the Black Experience*, *Everything but the Burden: What White People are Taking from Black Culture*, und *The Greg Tate Reader* (Duke University Press, 2006). Außerdem leitet er das dirigierte Improv Ensemble *Burnt Sugar The Arkestra Chamber*, das zwischen 14 und 25 Mitglieder hat. Ihre *MORE THAN POSTHUMAN Rise of the Mojosexual Cotillion*, erschien im Februar 2006 in Tates eigenem Label truGROID (www.burntsugarindex.com).

Hilke Wagner
Hilke Wagner, geb. 1972, Kunstwissenschaftlerin und Kuratorin der kestnergesellschaft.

Christoph Zuschlag
Christoph Zuschlag, geb. 1964, Kunsthistoriker, Privatdozent an der Universität Heidelberg, Forschungsprojekt und Lehrauftrag an der Freien Universität Berlin, stellv. Vorsitzender des Heidelberger Kunstvereins, Publikationen zur Kunst des 20. und 21. Jahrhunderts.

Louis Antwi
Born in 1990, Louis Antwi is a spoken word artist from Plaistow in East London. He first came to attention in 2004 as a participant in the annual London Teenage Poetry Slam competition. Since then, he has gone on to perform at events across the globe, including the launch of Chris Ofili's *Freeness* project in London and the Malika's Poetry Kitchen show in Chicago. He is a member of the East London-based Alphabet Soup Poetry Collective and works closely with Blacktronica founder Charlie Dark at various Spoken Word events.

Bazon Brock
Born in 1936, Bazon Brock trained and works as a literary and artistic director; first directing plays in 1957 and has run visitors' courses at the *documenta* in Kassel since 1968. From 1965–1976 he taught Aesthetics at the College of Fine Arts in Hamburg. From 1977–1980 at the College for Applied Art in Vienna and since 1980 at the Bergisch University in Wuppertal. His most recent publication is *The Barbarian as Cultural Hero,* DuMont, (Cologne 2002).

Carolina Grau
Born in 1969 in Barcelona, Carolina Grau lives and works in London. She is an independent curator and co-founder of the Biennale of Jafre, Girona, Spain.

John Quin
John Quin was born 1961 in Glasgow, Scotland. He is a Consultant Physician with a special interest in diabetes and endocrinology. He has written on art and literature for *The Guardian*, the *British Medical Journal*, the *Lancet*, *contemporary* magazine and *Zembla*.

Greg Tate
Greg Tate's books include *Flyboy In The Buttermilk, Midnight Lightning: Jimi Hendrix and the Black Experience, Everything But The Burden: What white people are taking from Black Culture,* and *The Greg Tate Reader* (Duke University Press, 2006). He also leads the 14-25 member group conducted improv ensemble *Burnt Sugar The Arkestra Chamber.* Their recent album *MORE THAN POSTHUMAN: Rise of the Mojosexual Cotillion,* was released in February 2006 under Tate's own truGROID imprint. www.burntsugarindex.com

Hilke Wagner
Born in 1972, Hilke Wagner is an art historian and works as a curator at the kestnergesellschaft.

Christoph Zuschlag
Born in 1964, Christoph Zuschlag is an art historian and a lecturer at the University of Heidelberg. He is involved in a research project and part-time teaching at the Free University in Berlin and is deputy chairperson of the Heidelberg Kunstverein, Publications on Art of the 20th and 21st Centuries.

Publikation anlässlich der Ausstellung | Catalogue to accompany the exhibition
Chris Ofili
The Blue Rider Extended Remix
kestnergesellschaft, Hannover
23. Juni bis 20. August 2006

kestnergesellschaft

Die kestnergesellschaft wird durch das Land Niedersachsen unterstützt. | Kestnergesellschaft is supported by the Federal State of Lower Saxony.

Die Ausstellung wird gefördert durch | The exhibition is supported by

BRITISH COUNCIL
VERLAGSGRUPPE MADSACK

kestnergesellschaft
Goseriede 11 | 30159 Hannover | Germany
Fon +49 511 70120 0 | Fax +49 511 70120 20
kestner@kestner.org | www.kestner.org

Katalog Catalogue

Herausgegeben von | Edited by
Veit Görner und Hilke Wagner, kestnergesellschaft, Hannover

Erweiterte und veränderte Version des ursprünglich von Contemporary Fine Arts herausgegebenen Kataloges. | Extended and altered version of the catalogue originally published by Contemporary Fine Arts.

Grafische Gestaltung und Satz | Design
Avni Patel & Karen Wong

Werkfotografie | Photography (Works)
Jochen Littkemann (Berlin)

Installationsfotografie | Photography (Installations)
Jan Bauer.Net (Berlin)

Übersetzung | Translation
Clara Drechsler, Michael Eldred, George Frederick Takis, Wilhelm von Werthern

Redakteur | Copy Editor
Catherine Hall

Bildnachweis Umschlaginnenseiten | Inside Cover Images
Chris Ofili

Besonderer Dank an | Special Thanks to
Christian Fuchs, Leila Hasham, Bilderrahmen Landwehr, Sabine Lauer, Jochen Littkemann, Claus Schade, Anna Vickery, Karen Wong

Lithografie | Colour separation
Farbanalyse (Köln)

Druck | Production
Niessen GmbH (Essen)

ISBN 3 – 931326 – 50 – 0

KESTNERGESELLSCHAFT
HANNOVER

Digital